>>> 丛书编委会

- **丛书策划**：李继增
- **主　　编**：邓敏华
- **副 主 编**：张林军
- **编　　委**：李晓杰　熊　辉　张小玲　杨林枫
　　　　　　　龚易虎　宋伊梅　程正勤　江芝兰
　　　　　　　李　军　郑新仁　林志新

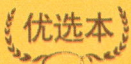

这些经典作品是人类高尚心灵的印记。
阅读这些经典作品,可以使童年的阅读成为一生永远的快乐。
享受快乐阅读的时光,温暖孩子的幸福童年。

约会名著
生命中不容错过的文学经典

Rensheng Bidu Shu
MeiHuiBan

韩 非 子

韩 非/著
邓敏华/编著

山东美术出版社

紧扣课标,名家导读,精心批注,扫除阅读障碍,重点提高阅读和写作能力。

1 注释

重难点字词注释,帮助学生理解与学习。

2 译文

详尽又通俗的译文,引导学生快速掌握文章内容。

不会随便给予奖赏,也不会任意免除惩罚。假如随便给予赏赐,功臣就会产生懈怠;倘若免除刑罚,奸臣就会为非作歹。所以如果确实有功劳,就是疏远卑贱之人也必须要给予赏赐;假如确实有过错,就是最亲近喜爱的人也必须加以惩罚。有功疏远卑贱的人必赏,有过亲近喜爱的人必罚。这样,疏远卑贱的人就不会懈怠,而亲近喜爱的人就不敢骄横妄为了。

有 度

国无常强,无常弱。奉法者强,则国强;奉法者弱,则国弱。荆庄王并国二十六,开地三千里;庄王之氓[1]社稷也,而荆以亡。齐桓公并国三十,启地三千里;桓公之氓社稷也,而齐以亡。燕襄王以河为境,以蓟[2]为国,袭涿、方城,残齐,平中山[3],有燕者重,无燕者轻;襄王之氓社稷也,而燕以亡。魏安釐王攻赵救燕,取地河东;攻尽陶、魏之地;加兵于齐,私[4]平陆之都;攻韩拔[5]管,胜于淇下;睢阳之事,荆军老而走;蔡、召陵之事,荆军破。兵四布于天下,威行于冠带之国[6],安釐王死而魏以亡。故有荆庄、齐桓,则荆、齐可以霸;有燕襄、魏安釐,则燕、魏可以强。今皆亡国者,其群臣官吏皆务所以乱而不务所以治也。其国乱弱矣,又皆释国法而私其外,则是负薪而救火也,乱弱甚矣!

【注释】
①氓:通"泯",灭,死。②蓟:燕国都城,在今北京附近。③袭:以……为屏障。残:攻破。平:灭掉。④私:将……纳为私有,引申为占领。⑤拔:占领。⑥冠带之国:冠带,帽子和腰带。此处指礼仪文化发达之国,用以比喻文明。

译文

没有一个国家能够永远保持强大,也没有永远处于虚弱地位的。执法者如果依法制办事,那么国家便强大了;执法的不能依法办事,那么这个国家便会衰弱。楚庄王兼并了二十六个小国,扩大了三千里的国土;当楚庄王去世以后,楚国的国势也随之衰败了。齐桓公兼并了三十个小国,扩展了三千里土地;当齐桓公去世以后,齐国的势力也因此衰弱了。燕襄王以黄河北为国境,以蓟城为国家都城,以涿邑、方城为屏障,后攻破齐国,灭掉了中山国,当时能够得到燕国支持的国家就被重视,得不到燕国支持的国家就被轻视。燕襄王去世以后,燕国的国势也因此衰弱了。魏安釐王在攻打燕国,援救赵国之时,收复了

3 精美插图

根据文章配上精美彩图,让阅读不再枯燥无味。

阅读训练

一、填空题

1.韩非是中国古代著名的_____、_____和散文家,法家思想的集大成者,世称"_____"。韩非原为韩国贵族,与_____同师荀卿。他创立的_____,为中国第一个_____国家的诞生提供了理论依据。今存《韩非子》_____篇。《韩非子》战国时期法家韩非的著作总集。又称_____。

《韩非子》读后感

《韩非子》是先秦法家的集大成之杰作,也是我国古代政治学方面的优秀作品,它与先秦百家的著作共同交织联系,构筑了中国古代的灿烂传统文化。韩非子的思想虽不如儒家思想那样被统治者奉为正统,不如道家思想那样被文人志士推崇,但却真真正正推进了历史的进程,加速了社会的进步,影响了一代又一代人。

4 阅读训练
读文章,做题目,让学生进一步巩固所学内容。

5 读后感
叙说读后感,有利于读者理解。

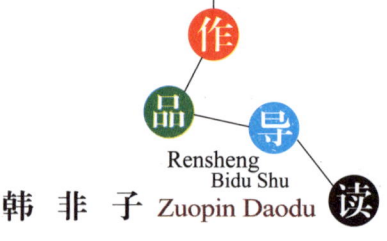

韩非子

韩非（约前280～前233年），战国晚期韩国（今河南省新郑，属郑州；郑韩古国在今天的河南新郑）人，汉族，是中国古代著名的哲学家、思想家和散文家，法家思想的集大成者，世称"韩非子"。韩非原为韩国贵族，与李斯同师荀卿。韩非口吃，但他善于写作，且继承和发展了荀子的法术思想，同时又吸取了他以前的法家学说，比较各国变法得失，提出"以法为主"，法、术、势相结合的理论，集法家思想大成。韩非多次上书韩王变法图强，不见用，乃发愤著书立说，以求闻达。秦王政慕其名，遗书韩王强邀其出使秦国。韩非的思想被秦始皇所重用。他创立的法家学说，为中国第一个统一专制的中央集权制国家的诞生提供了理论依据。韩非在秦遭李斯、姚贾诬害，死狱中。今存《韩非子》五十五篇。

《韩非子》战国时期法家韩非的著作总集。又称《韩子》。该书在韩非生前即已流传。司马迁说：韩非"观往者得失之变，故作《孤愤》《五蠹》《内外储》《说林》《说难》十余万言"。又说，秦王（即秦始皇）读《孤愤》《五蠹》等篇，极为赞赏。西汉刘向校书，羼入了几篇他人著作，如《初见秦》《有度》和《存韩》的后半篇。定《韩子》为五十五篇。韩非是先秦法家思想的集大成者，他总结了商鞅、申不害和慎到三家的思想，提出了一套法、术、势相结合的法治理论。认为君主应凭借权力和威势以及一整套驾驭臣下的权术，保证法令的贯彻执行，以巩固君主的地位。他还继承了荀子的人性恶说，主张治国以刑、赏为本。《韩非子》中，《解老》《喻老》两篇，用法家的观点解释《老子》，集中表述了韩非的哲学观点；《五蠹》把历史发展分为上古、中古、近古三个阶段，认为时代不断发展进步，社会生活和政治制度都要发生变化，复古的主张是行不通的；《显学》则记述了先秦儒、墨显学分化斗争的情况，认为"杂反之学不两立而治"，主张禁止一切互相矛盾的学说，定法家的学说于一尊。

目录

韩非子

初见秦	1
爱臣	8
主道	9
有度	14
二柄	18
孤愤	22
亡征	27
说林上	33
说林下	40
观行	47
用人	48
外储说左上	53
外储说左下	83
外储说右上	103
外储说右下	128

难　势	147
定　法	153
六　反	155
五　蠹	160
显　学	169
忠　孝	175

初见秦

臣闻:"不知而言,不智;知而不言,不忠。"为人臣不忠,当死;言而不当,亦当死。虽然,臣愿悉言所闻,唯大王裁其罪。

臣闻:天下阴燕阳魏,连荆固齐,收韩而成从,将西面以与强秦为难。臣窃笑之!世有三亡,而天下得之,其此之谓乎!臣闻之曰:"以乱攻治①者亡,以邪攻正者亡,以逆②攻顺③者亡。"今天下之府库不盈,囷仓空虚,悉其士民,张军数十百万,其顿首戴羽为将军断死于前不至千人,皆以言死。白刃在前,斧锧在后,而却走不能死也,非其士民不能死也,上不能故也。言赏则不与,言罚则不行,赏罚不信④,故士民不死⑤也。今秦出号令而行赏罚,有功无功相事也。出其父母怀衽之中,生未尝见寇耳;闻战,顿足徒裼,犯白刃,蹈炉炭,断死于前者皆是也。夫断死与断生者不同,而民为之者,是贵奋死也。夫一人奋死⑥可以对⑦十,十可以对百,百可以对千,千可以对万,万可以克⑧天下矣。今秦地折长补短,方数千里,名师数十百万。秦之号令赏罚,地形利害,天下莫若也。以此与天下,天下不足兼而有也。是故秦战未尝不克,攻未尝不取,所当未尝不破,开地数千里,此其大功也。然而兵甲顿,士民病,蓄积索,田畴荒,囷仓虚,四邻诸侯不服,霸王之名不成。此无异故,其谋臣皆不尽其忠也。

臣敢言之:往者齐南破荆,东破宋,西服秦,北破燕,中使韩、魏,土地广而兵强,战克攻取,诏令天下。齐之清济浊河,足以为限;长城巨防,足以为塞。齐,五战之国也,一战不克而无齐。由此观之,夫战者,万乘⑨之存亡也。且臣闻之曰:"削株无遗根,无与祸邻,祸乃不存。"秦与荆人战,大破荆,袭郢,取洞庭、五渚、江南,荆王君臣亡走,东服于陈。当此时也,随荆以兵,则荆可举;荆可举,则其民足贪

韩非子

【注释】
①治:太平,安定。②逆:指倒行逆施的国家。③顺:指政治顺达的国家。④信:信用。⑤不死:指不拼死作战。⑥奋死:指拼死作战。⑦对:对付,抵挡。⑧克:战胜。⑨万乘:乘,一辆兵车为一乘。古代常以兵车的多少作为衡量国家大小的标准。万乘,泛指大国。

也,地足利也。东以弱齐、燕,中以凌三晋。然则是一举而霸王之名可成也,四邻诸侯可朝也。而谋臣不为,引军而退,复与荆人为和,令荆人得收亡国,聚散民,立社稷主,置宗庙,令率天下西面以与秦为难。此固以失霸王之道一矣。天下又比周而军华下,大王以诏破之,兵至梁郭下。围梁数旬,则梁可拔;拔梁,则魏可举;举魏,则荆、赵之意绝;荆、赵之意绝,则赵危;赵危而荆狐疑;东以弱齐、燕,中以凌三晋。然则是一举而霸王之名可成也,四邻诸侯可朝也。而谋臣不为,引军而退,复与魏氏为和。令魏氏反收亡国,聚散民,立社稷主,置宗庙,令率天下西面以与秦为难。此固以失霸王之道二矣。前者穰侯之治秦也,用一国之兵而欲以成两国之功,是故兵终身暴露于外,士民疲病于内,霸王之名不成。此固以失霸王之道三矣。

赵氏,中央之国也,杂民所居也,其民轻而难用也。号令不治,赏罚不信,地形不便,下不能尽其民力。彼固亡国之形也,而不忧民萌,悉其士民军于长平之下,以争韩上党。大王以诏破之,拔武安。当是时也,赵氏上下不相亲也,贵贱不相信也。然则邯郸不守。拔邯郸,笼山东河间,引军而去,西攻修武,逾是羊肠,降代、上党。代三十六县,上党十七县,不用一领甲,不苦一士民,此皆秦有也。代、上党不战而毕为秦矣,东阳、河外不战而毕反为齐矣,中山、呼沲以北不战而毕为燕矣。然则是赵举,赵举则韩亡,韩亡则荆、魏不能独立,荆、魏不能独立,则是一举而坏韩蠹魏拔荆,东以弱齐弱燕,决白马之口以沃魏氏,是一举而三晋亡,从者败也。大王垂拱以须之,天下编随而服矣。霸王之名成。而谋臣不为,引军而退,复与赵氏为和。夫以大王之明,秦兵之强,弃霸王之业,地曾不可得,乃取欺于亡国,是谋臣之拙也。且夫赵当亡而不亡,秦当霸而不霸,天下固以量秦之谋臣一矣。乃复悉士卒以攻邯郸,不能拔也,弃甲兵弩,战竦而却,天下固已量秦力二矣。军乃引而退复,并于李下,大王又并军而至,与战不能克之也,又不能反,军罢而去,天下固量秦力三矣。内者量吾谋臣,外者极吾兵力。由是观之,臣以为天下之从,几不难矣。内者,吾

韩非子

甲兵顿,士民病,蓄积索,田畴荒,囷仓虚。外者,天下皆比意甚固。愿大王有以虑之也。

且臣闻之曰:"战战栗栗,日慎一日,苟慎其道,天下可有。"何以知其然也?昔者纣为天子,将率天下甲兵百万,左饮于淇溪,右饮于洹裕,淇水竭而洹水不流,以与周武王为难。武王将素甲三千,战一日,而破纣之国,禽其身,据其地而有其民,天下莫伤。知伯率三国之众以攻赵襄主于晋阳,决水而灌之三月,城且拔矣,襄主钻龟筮占兆,以视利害,何国可降。乃使其臣张孟谈,于是乃潜行而出,反知伯之约,得两国之众,以攻知伯,禽其身,以复襄主之初。今秦地折长补短。方数千里,名师数十百万。秦国之号令赏罚,地形利害,天下莫如也。以此与天下,天下可兼而有也。臣昧死愿望见大王,言所以破天下之从,举赵、亡韩,臣荆、魏,亲齐、燕,以成霸王之名,朝四邻诸侯之道。大王诚听其说,一举而天下之从不破,赵不举,韩不亡,荆、魏不臣。齐、燕不亲,霸王之名不成,四邻诸侯不朝,大王斩臣以徇国,以为王谋不忠者戒也。

臣下我听说:"不懂而乱发议论,是不明智;明知却缄默不语,是不忠诚。"作为臣子不忠诚,罪当处死;而议论得不恰当,也应当处以死罪。尽管如此,臣下我还是宁愿谈谈我的听闻见解,请大王裁决我是否有罪。

臣听说:如今天下大局是北燕南魏,连接楚国和齐国,拉拢韩国,形成南北纵横之势,将要向西与强大的秦国对抗。臣下我暗自感到可笑!世上有三种可以使其亡国的因素,六国都具备了,大概说的就是合纵攻秦的情形吧!臣下我听说:"自己的国家混乱不堪,却去攻打太平安定的国家,自己的国家反而会灭亡;自己的国家邪恶,却去攻打正义的国家,自己的国家反而会灭亡;自己的国家倒行逆施,却去攻打顺乎天理的国家,自己的国家反而会灭亡。"当今天下各国的国库不够充盈,粮仓虚空,却征集所有的士民,将军队扩张到数十万乃至上百万,其中在帐前叩头宣誓,头戴羽毛表示替将军同秦国决一死战的人不止千万,都口口声声叫嚷不怕牺牲。即便前有敌方雪亮的白刃,后架督战的斧头,他们想的却还是贪生惜命,设法逃亡。其实

·3·

并非士民贪生怕死,而是由于他们的君主无法使他们自愿为国捐躯。声称过的奖赏却不颁赐,叫嚷过的处罚也不实施,赏罚没有信用可言,所以士民就不愿为君王拼死作战。当今秦国发出号令,有功的给予奖赏,无功的加以处罚。结果,生平连盗寇也没有见过的人,即便平时在父母的呵护之下,一旦听说战火已起,跺跺脚便赤膊上阵,冒着耀目的刀林,赴汤蹈火,到处是奋不顾身之人。拼死与全生不同,而民众之所以这样做,就在于他们认为为国捐躯可贵。一个人拼死作战可以抵挡十名敌人,十个人拼死作战可以抵挡百名敌人,一百个人拼死作战可以抵挡千名敌人,一千个人拼死作战可以抵挡万名敌人,一万个人拼死作战,便可以制胜天下了。放眼望去,当今的秦国纵横有方圆数千里之阔,强师劲旅数十万乃至上百万。秦国赏罚分明,地形便利,当前世上没有能够与之相比的。秦国以此来夺取天下,兼并占有它国绰绰有余。因此秦国定能战无不胜,攻无不取,阻挡者没有不被击败的,拓展数千里国地,这个功绩实在太宏大了。然而当前秦国却兵怠铠残,民众饱受疾苦,储备匮乏,田地荒芜,粮仓空虚,相邻的四方诸侯不服,称霸的功名不能成就。这不是因为其他什么缘故,而是谋划之臣不竭力尽忠而导致的结果。

　　臣下我斗胆地说:以往齐国攻破南面的荆楚,在东面灭亡了宋国,在西面征服了秦国,在北面击败了北方的燕国,甚至役使位于中部的韩国、魏国为其效力,国土辽阔,兵强马壮,战可胜,攻可取,号令天下。齐国的清澈的济水与浑浊的黄河,足以作为其边境;南面长城和西南的巨防,完全能够作为它的屏障。齐国,是五战皆胜的强国,然而因为一次战败便几乎导致亡国。由此看来,战争关系到了万乘大国的生死存亡。臣下我听说:"砍去大树留不下根芽。莫与灾祸为邻,灾祸便没有存身之地。"秦国与荆楚作战,大举攻破荆楚,袭取荆楚的国都郢城,攻占了洞庭、五渚和江南。荆楚国王和臣子都流亡了,在东面的保命防守。此时本该利用这个良机,派兵追击荆楚君臣,就可以轻易夺取荆楚;夺取了荆楚,由于它人口众多,地势有利,向东可以削弱齐国、燕国,攻取中部的赵国、韩国和魏国。若是这样,霸王的名号可以一举成就,四方的诸侯便会臣服朝拜;但是谋划之臣却不这么做,反而退兵回国,又与荆楚议和。使荆楚收复了失地,结聚起流散的民众,拥立社稷之主,建立祭祖的宗庙,接着联合其他国向秦国发难。这就使秦国丧失了称王称霸的机遇。六国又相继进军到华阳城下,大王下诏令将他们击破,秦军攻到魏国的国都大梁城下。只要围困大梁数十天,那么大梁便可以被攻破;大梁被攻破,那么便可以夺取魏国;夺取了魏国,那么荆楚、赵国便会灰心丧气;荆楚、赵国灰心丧气,那么赵国便会出现危机;赵国出现了危机,荆楚便会举棋不定;这样一来,在东面可以削弱齐国、燕国,在中部可以凌侵赵国、韩国和魏国。如此这般,霸王的名号便会一举成就,四方的诸侯便会前来朝拜秦国;然而谋划之臣却不这样做,反然率领秦军撤退回国,又与魏国议和。这样就使魏国反而收复了濒于灭亡的残破之国,召聚流散的民众,重拥社稷之君,建立祭祖之庙,又联合各国向西发难秦国。这样就使秦国第二次丧失了称王称霸的机会。以前秦昭王任用穰侯魏冉治理秦国,想用秦国一国的兵力拓展两倍的疆土,士兵终生风吹日晒地在外打仗,百姓常年疲惫不堪地劳作,霸王的名号却始终未能成就。这就使秦国第三次失去称王称霸的机会。

  赵氏之国,是位于中部的国家,是刁钻杂居之民所居住的地方,那里的民心轻浮而难以驾驭役使。且其法令不整,赏罚无信,地形不利于作战,下层民众不肯为国出力。它本来处于亡国的境地,却不为民众愚昧担忧,率其士民驻军到了长平,争夺韩国的上党郡。大王下令出兵击败了他,攻克了武安。此时赵国君臣不和,官民无信。像这个样子,赵国的国都邯郸是守不住的。假如秦国攻下邯郸,控制了崤山以东的河间地区,再率领秦军离开那里,向西攻打修武,越过太行山上的羊肠要害,降服代郡、上党郡。这样,代郡的三十六个县,上党郡的十七个县,不需一铠,不劳一兵,便都被秦国占有。代郡、上党郡无需战斗都可以归属秦国,东阳、滹沱河外一带地区无需战斗全部返归齐国所有,中山、滹沱河以北的地方无需战斗就全部被燕国占领。如果这样的话,赵国就可以被夺取;赵国被夺取,韩国便会灭亡;韩国灭亡了,荆楚、魏国便无法安稳地独立;荆楚、魏国不能独立,这样一次行动,便摧毁了韩国,弄垮了魏国,挟制了荆楚,再向东削弱齐国和燕国,决开白马津的渡口灌淹魏国,一举便可使韩、赵、魏三国灭亡,合从的联盟就会全盘皆失。大王只需垂衣拱手等待,天下各国就会依次相随来臣服,霸主的功名便可以成就。然而谋划之臣却不这样做,竟然带领军队撤退,又与赵国讲和。凭借大王的圣明和秦军的强大,却丢掉了霸主的伟业,全然没有得到土地,还被危亡的赵国欺骗,这是谋划之臣愚拙所致。况且赵国应当灭亡而没有被灭亡,秦国应当称霸而未能称霸,天下各国实在是已经揣摩到秦国这些智能低下的谋臣,这是其一。秦国竟然又动员所有的兵力去攻打邯郸,

非但未能攻下，反而丢盔弃甲、抛弓掷弩，胆战心惊地溃退了，天下各国确实已经揣摩到秦军的武力不强，这是其二。于是又率秦军返回汇集到李下，大王又派兵到李下增援，然而与敌方作战还是不能取胜，又不能主动撤回，等到军队疲劳不堪之时方才退兵，天下各国的确揣摩到秦国的实力孱微，这是其三。诸侯各国从里到外看透了，我们的谋划之臣在外部耗尽了我们的兵力。据此而言，我以为天下各国的联合抗秦，其实并没有什么难处。在秦国国内，弓弩铠甲残破不堪，士民劳苦疲惫，仓储匮乏，粮田荒芜；在秦国国外，天下各国联合的意向却十分坚决。对于这些情形，恳望大王加以考虑。

　　况且我曾听说过："小心戒惧，一天比一天更谨慎。倘若能够谨慎地遵循治国之道，天下便能够被其占有。"怎么知道会如此呢？以前当商纣王还在做天子的时候，率领天下百万大军，东面在淇溪饮马，西边在洹溪饮马，淇溪的水都喝干了，洹溪的水也少得无法流动，凭借如此庞大的军旅与周武王作战。周武王率领三千穿着白衣素甲的士兵，在甲子日激战一日，便攻破了殷商的国都朝歌，将商纣王活擒，占据了他的土地，得到了他的民众，商纣王却没有得到天下之人的怜悯。昔日晋国智伯率领智氏、韩氏、魏氏三家的卿军攻打赵襄子，决开晋水河来灌淹晋阳达三个月之久，晋阳马上就会被攻破。赵襄子用龟甲和蓍草卜卦，以此衡量利害得失，忖度应投降哪一家，以便联络感情。他派遣臣下张孟谈前去办理这件事。张孟谈潜出城外，使韩、魏两家背叛了与智伯缔结的盟约，争取到韩、魏两家的军队共同攻打智伯，并擒获了智伯，从而恢复了赵襄子原有的卿位。当前秦国的土地纵横丈量，辽阔数千里，劲旅强兵达到数十万乃至上几百万。秦国的法令严整，赏罚分明，地利人和，天下六国谁也比不上。凭借这些有利条件去攻取各国，完全能够一统天下。我昧死恳望能够拜见大王，陈说策略，击破合从的各国，攻克赵国，灭亡韩国，使楚、魏两国臣服，使齐、燕两国来依附，以成就霸主功名，使四邻诸侯来朝拜。倘若大王采纳我的意见一举而动，却无法击破合从的天下六国，赵国不能被攻克，韩国不能被灭亡，楚、魏两国不肯臣服，齐、燕两国不来依附，霸主之名不能成就，四方诸侯不肯朝拜，那么就请大王杀掉我来殉国，以此作为替大王谋划之人不肯尽忠的惩戒。

爱 臣

爱臣①太亲,必危其身;人臣太贵,必易主位;主妾无等,必危嫡子;兄弟不服,必危社稷。臣闻千乘之君无备,必有百乘之臣在其侧,以徙其民而倾其国;万乘之君无备,必有千乘之家在其侧,以徙其威而倾其国。是以奸臣蕃息②,主道衰亡。是故诸侯之博大,天子之害也;群臣之太富,君主之败也。将相之管主而隆家,此君人者所外也。万物莫如身之至贵也,位之至尊也,主威之重,主势之隆也。此四美者,不求诸外,不请于人,议③之而得之矣。故曰人主不能用其富,则终于外也。此君人者之所识④也。

【注释】
①爱臣:宠倖之臣。②蕃息:繁殖滋长。③议:通"义",合宜。④识:牢记。

如果君主与宠倖之臣关系过于密切,则必定会危害到自身的安危;如果臣子过于显贵,则必定会轻慢君主的权位;如果君主的妻妾没有等级差别,则必定会危及正妻所生之子;如果君主的兄弟不服从君主,必定会危害到国家的利益。我听说拥有千驾马车的君主如若不加以防范,身旁必定会有那些拥有百驾马车的臣子,他们会迁移君主的国民,甚至倾覆国家;有万驾马车的国君,如若不加以防范,身旁便必定有那些拥有千驾马车的权贵,这样便会动摇君主的地位,甚至倾覆国家。因此,假如使奸恶的臣子的气焰得到繁殖滋长,则必定会导致君主的统治衰亡。所以,诸侯们强盛壮大,便是对帝王莫大的危害;各位臣子官员过于富贵,便是帝王的失败。通过将军、宰相等官员管理,而使国家昌盛,这是统领人民的君主应该排斥的。天下万物之中最为珍贵的,皆比不上生命;最为尊贵的,皆比不上君王的地位;最重要的,皆比不上君主的威势;最昌隆的,皆比不上君主的气度。这四种美好的东西,不必向外寻求,也不必从别人那里得到,如果君主自己能够合宜把握便可以得到。因此说,君主假如无法利用他所拥有的财富,那么最后定会终结于外人之手。这是作为君主帝王需要牢牢切记的。

韩 非 子

昔者纣之亡,周之卑,皆从诸侯之博大也;晋之分也,齐之夺也,皆以群臣之太富也。夫燕、宋之所以弑其君者,皆以类也。故上比之殷、周,中比之燕、宋,莫不从此术也。是故明君之蓄其臣也,尽之以法,质①之以备。故不赦死,不宥②刑,赦死宥刑,是谓威淫,社稷将危,国家偏威③。是故大臣之禄虽大,不得藉④威城市;党与虽众,不得臣士卒。故人臣处国无私朝,居军无私交,其府库不得私贷于家。此明君之所以禁其邪。是故不得四从⑤,不载奇兵⑥,非传⑦非遽,载奇兵革,罪死不赦。此明君之所以备不虞⑧者也。

【注释】
①质:端正。②宥:宽恕。③偏威:指大臣取得威势。④藉:通"借",借得。⑤四从:四,"驷"。从,从车。⑥奇兵:出乎意料的兵器。⑦传:驿站或驿站之间的车马。⑧虞:贻误,把错误遗留下去,耽误。

从前,商纣的灭亡及周朝的衰落,皆始于诸侯力量的强盛壮大;晋国被六卿瓜分,齐国田氏专权跋扈,都是大臣们过于富有造成的结果。燕、宋的人民杀弑他们主子的缘故,也都属于此类。所以,与古代的殷商、周朝相比,与近代的燕、宋相比,几乎没有不是出于这个原因的。基于这个原因,严明的君主在养蓄他的臣子之时,要使他们都懂得法度的道理,以端正他们的思想来进行防范。因此不应该赦免死罪,不应该宽恕刑罚。赦免死罪,宽恕刑罚,被称之为威淫,国家将会受到危害,国家的大臣会取得威势。因而国家大臣即使有很高的官禄,也不可借此在城内逞威;同党的人即便再多,也不可役使士兵。因此大臣在处理国政之时,不可利用朝政为己谋私利,在军队中不可有私交,国库的财物不可以借贷回家供私人使用。这便是圣明君主禁止歪风邪气的缘故。所以不能够乘坐四匹马拉的并跟着随从的车,不能运送奇异的兵器,倘若不是驿站的车马、快车,却装载有奇异兵器的就要被革职,犯有死罪也不可得到赦免。这是圣明君王需要加以防范而不可贻误的。

主　道

道者①,万物之始,是非之纪也。是以明君守始以知万物之源,治纪以知善败之端。故虚静②以待令,令名自命也,令事自定也。虚则知实之情,静则知动者正。有言者自为

【注释】
①道:万物之

源泉,古时道家主张的一种无形而又无处不在的万事万物的根本。②虚静:虚,客观;静,清静、平静。③参:验证。④素:原义指没有染色的丝,此指本来面目。⑤习:习惯,因袭遵循。⑥漻:通"寥",寥廓,高远空旷。⑦无为:出自道家的思想,无所作为,即无为而治。这里的"无为"指"虚静"的治国态度。⑧敕:慰勉,鼓励。⑨经:常法,准则;治国之道。

名,有事者自为形,形名参同③,君乃无事焉,归之其情。故曰:君无见其所欲,君见其所欲,臣自将雕琢;君无见其意,君见其意,臣将自表异。故曰:去好去恶,臣乃见素④;去旧去智,臣乃自备。故有智而不以虑,使万物知其处;有贤而不以行,观臣下之所因;有勇而不以怒,使群臣尽其武。是故去智而有明,去贤而有功,去勇而有强。群臣守职,百官有常,因能而使之,是谓习⑤常。故曰:寂乎其无位而处,漻⑥乎莫得其所。明君无为⑦于上,群臣竦惧乎下。明君之道,使智者尽其虑,而君因以断事,故君不穷于智;贤者敕⑧其材,君因而任之,故君不穷于能;有功则君有其贤,有过则臣任其罪,故君不穷于名。是故不贤而为贤者师,不智而为智者正。臣有其劳,君有其成功,此之谓贤主之经也⑨。

译文

道,是万物之源泉,是判断是非的准则。因此圣贤的君王只要把握住这个本原,就可以了解万物的由来,通过研究准则,便可以了解万物成败的原因。因此,君主应当以客观、平静的态度去对待一切,让事物从它自己所反映的内容去确定名称,让事物由它本身的规律来确定。虚心方能得知事物的真貌,冷静了才能知道行为的准则。进言者,自然会说出主张;处理政事,自然会产生效果。经过验证主张和实践相符合,君王就可不动声色不用亲力亲为,而使事物呈现出本来面目。所以说,君王不要显露出自己的欲望,如果显露出自己的欲望,臣子便会精心掩饰自己;君王不要显露出自己的意愿,倘若显露出自己的意愿,臣子就会自我伪装。因此说,君王的好恶不显露于形色,才能见到臣子们真实的一面;君主掩饰个人的智巧与成见,臣子们就会约束自己。所以君王有智慧也不用来谋事,使万物保持在适当的位置;君王有才能也不用来施展,使观察臣子言行有所根据;君王有勇力也不用来逞能,使臣子们充分发挥他们的勇武。所以君王摒弃智慧而却显得更明智,君王不表露才能却反而会取得成效,君主不用勇气却能变得更强大。群臣各尽其职,百官都有固定的法度,君王根据臣子的才能使用他们,这就叫作遵守常规办事。所以说:清静啊,君王好像没有处在君位上;寥廓啊,臣民不能确定君主在哪儿。英武贤明的君王在上无为而治,大臣们在下面诚惶诚恐地尽职。英明的君王所用的"道",就是让聪明人竭尽思虑,君主依此决断事情,所以君王的智慧和才能是无穷的;鼓励贤者发挥才干,君主据此任用他们,所以君王的才能是无穷的;建立了功业、有了成就,君王就能获得贤名;犯下了过失,就由臣子们来承担罪责,因此君王的名望是无穷的。就因为如此,君王不显示贤能,却可以做贤人的老师;君王不显示智慧,却可以做智者的君长。臣子们承担劳苦,君王坐享其成就,这便是贤明的君王的治国之道。

道①在不可见,用在不可知。虚静无事,以暗见疵。见而不见②,闻而不闻,知而不知。知其言以往,勿变勿更,以参合阅焉。官有一人,勿令通言,则万物皆尽。函掩其迹,匿其端,下不能原③;去其智,绝其能,下不能意④。保吾所以往而稽同之,谨执其柄而固握之。绝其望,破其意,毋使人欲之。不谨其闭⑤,不固其门,虎乃将存。不慎其事,不掩其情,贼乃将生。弑其主,代其所,人莫不与,故谓之虎⑥。处其主之侧,为奸臣,闻其主之忒⑦,故谓之贼。散其党,收其余,闭其门,夺其辅,国乃无虎。大不可量,深不可测,同合刑名⑧,审验法式,擅为者诛,国乃无贼。是故人主有五壅:臣闭其主曰壅,臣制财利曰壅,臣擅行令曰壅,臣得行义曰壅,臣得树人曰壅。臣闭其主,则主失位;臣制财利,则主失德;臣擅行令,则主失制;臣得行义,则主失明⑨;臣得树人,则主失党。此人主之所以独擅也,非人臣之所以得操也。

译文

道是看不见的,君主运用道的时候,不可被臣下捉摸到,治国方法的运用也要使臣下无从知晓;君主保持客观、平静无妄的态度,要用隐蔽的方法察看大臣的过失。看到了好像没看到,听到了好像没有听到,知道了装作不知道。君王知道臣子的言论以后,不要变动和更改,以验证的方法来观察检验他们是否言行一致。每个官职只用一人担任,不要让官员们串通得到消息,那样一切事物的真情就完全显露出来了。君主要严密地掩饰自己的形迹,隐藏事情的苗头,使臣子们不能推测出事情的根源;君王不表现自己的智慧,不表现自己的才能,使臣子无法推测出君主的心意。保守君王自己的意图而考察臣子们与自

【注释】

①道:这里指君主统治的方法,实际上就是指驾驭群臣的"术"。②而:通"如",好像。③原:推测根源。④意:推测。⑤闭:门闩,关闭。⑥虎:比喻欲篡权的权臣。⑦忒:过失。⑧刑名:又称形名,刑,通"形"。指行为的表现。⑨明:英明,理智。通"名",陶鸿庆曰当为"萌",本书多以"萌"为"民氓"。《集解》据顾广圻校记将"明"误改为"名"。

己的想法是否一致，谨慎地握住国家权柄而牢固地掌握它。断绝臣子对权力的向往，破除臣子对权力的欲望，不要让臣子产生夺位的幻想和企图。如果不谨慎门闩，不牢固地关好大门，恶虎就将潜入。君主若不慎重地行事，不掩盖好真情，奸贼就有机可乘。奸臣叛贼就要杀害他们的君王，代替君主的位置，他们手下没有不畏惧和参与的，所以称他们为"猛虎"。侍奉君王的身边，暗中窥伺君主的过失，所以称他们为奸贼。只有驱散奸党们的党羽，收捕奸党们的余孽，封闭奸党们的家门，铲除他们的帮凶，国家才去掉了"猛虎"。君主的治国之道大得不可估量，深到不可探测，考察言行与名声是否一致，审查验证是否合法，而对擅自妄为的人就惩罚，国家就没有了反贼。因此君主就有五种壅塞的情况：臣子封闭了君王的视听叫壅塞，臣子控制了财源叫壅塞，臣子擅自发号施令叫壅塞，臣子窃得君主的恩泽私自施人叫壅塞，臣子私底下能培植奸党叫壅塞。臣子封闭君主的视听，君王就会丧失了权力；臣子控制了财源，君王就会丧失了财富；臣子擅自发号施令，君王就会失去了控制；臣子能窃恩私自施人恩德，君王就会丧失了英明理智；臣子能培植私党，君王就会丧失了拥戴他的部下。这就是君王要独自掌握权力，不让臣子掌握权力的因由。

人主之道，静退以为宝。不自操事而知拙与巧，不自计虑而知福与咎。是以不言而善应，不约而善增。言已应，则执其契；事已增，则操其符①。符契之所合，赏罚之所生也。故群臣陈其言，君以其言授其事，事以责其功。功当其事，事当其言，则赏；功不当其事，事不当其言，则诛。明君之道，臣不得陈言而不当。是故明君之行赏也，暖乎如时雨，百姓利其泽；其行罚也，畏②乎如雷霆，神圣不能解也。故明君无偷赏，无赦罚。赏偷，则功臣堕③其业；赦罚，则奸臣易为非。是故诚有功，则虽疏贱必赏；诚有过，则虽近爱必诛。疏贱必赏，近爱必诛，则疏贱者不怠，而近爱者不骄也。

【注释】

①符：古代国家传达命令和指挥军队的凭证，一般用竹、木、铜、玉制作，剖为两半，朝廷及外臣各执一半，验证时将两半相合。以上"执其契"、"操其符"都是比喻君主对臣子的"言"与"行"要加以检验。②畏：通"威"。③堕：通"惰"，怠怠，懈怠。

译文

君主的治国之道，要以静退为贵。不亲自主持政事而知道臣子办事是笨拙还是巧妙；不亲自谋划思虑而知道臣子的吉凶

福祸。因此君主不必发表自己的意见,应该让臣子很好地提出政见;不必规定臣子们要做什么事,臣子就会做出更多有功效的事。臣子提出主张,君主就要像拿着契似的对臣子进行考核;臣下已经做了事情,君主就要像拿着符节一样对臣子进行检验,考核他们的言行是否相符,以作为赏罚的根据。所以,臣子向君主陈述自己的主张,君王则根据他们的主张而交给其适当任务,根据他们的任务来责求应有的功效。若取得的功效与交给的任务相符,完成的任务与他们的主张一致,就给予奖赏;若取得的功效与任务不一致,所做的事情与主张相违,就要加以惩罚。英明君主的治国之道,不允许臣子的言论与事实不符。所以贤明的君主在给予奖赏的时候,温润得就好像及时雨一样,百姓都蒙受到他的恩德;君主要施行惩罚的时候,威猛得就仿佛雷霆一样,就是神仙圣人也不能逃脱惩罚。所以贤明的君主

不会随便给予奖赏,也不会任意免除惩罚。假如随便给予赏赐,功臣就会产生懈怠;倘若免除刑罚,奸臣就会为非作歹。所以如果确实有功劳,就是疏远卑贱之人也必须给予赏赐;假如确实有过错,就是最亲近喜爱的人也必须加以惩罚。有功疏远卑贱的人必赏,有过亲近喜爱的人必罚。这样,疏远卑贱的人就不会懈怠,而亲近喜爱的人就不敢骄横狂妄了。

有 度

国无常强,无常弱。奉法者强,则国强;奉法者弱,则国弱。荆庄王并国二十六,开地三千里;庄王之氓①社稷也,而荆以亡。齐桓公并国三十,启地三千里;桓公之氓社稷也,而齐以亡。燕襄王以河为境,以蓟②为国,袭涿、方城,残齐,平中山③,有燕者重,无燕者轻;襄王之氓社稷也,而燕以亡。魏安釐王攻赵救燕,取地河东;攻尽陶、魏之地;加兵于齐,私④平陆之都;攻韩拔⑤管,胜于淇下;睢阳之事,荆军老而走;蔡、召陵之事,荆军破。兵四布于天下,威行于冠带之国⑥,安釐王死而魏以亡。故有荆庄、齐桓,则荆、齐可以霸;有燕襄、魏安釐,则燕、魏可以强。今皆亡国者,其群臣官吏皆务所以乱而不务所以治也。其国乱弱矣,又皆释国法而私其外,则是负薪而救火也,乱弱甚矣!

【注释】
①氓:通"泯",灭,死。②蓟:燕国都城,在今北京附近。③袭:以……为屏障。残:攻破。平:灭掉。④私:将……纳为私有,引申为占领。⑤拔:占领。⑥冠带之国:冠带,帽子和腰带。此处指礼仪文化发达之国,用以比喻文明。

没有一个国家能够永远保持强大,也没有永远处于虚弱地位的。执法者如果依法制办事,那么国家便强大了;执法的不能依法办事,那么这个国家便会衰弱。楚庄王兼并了二十六个小国,扩大了三千里的国土;当楚庄王去世以后,楚国的国势也随之衰弱了。齐桓公兼并了三十个小国,扩展了三千里国土;当齐桓公去世以后,齐国的势力也因此衰弱了。燕襄王以黄河北为国境,以蓟城为国家都城,以涿邑、方城为屏障,后攻破齐国,灭掉了中山国,当时能够得到燕国支持的国家就被重视,得不到燕国支持的国家就被轻视。燕襄王去世以后,燕国的国势也因此衰弱了。魏安釐王在攻打燕国,援救赵国之时,收复了黄河以东的大片土地；又乘胜占领了定陶、卫国等地，同时又向齐国进攻，占领了齐国的平陆，还进攻韩国而占领了管地，并在淇水下游的战斗中大获全胜。在睢阳战役中，魏国又使因久战而疲惫不堪的楚军弃甲而逃。在上蔡、召陵等战役中，连连击败楚军。一时间魏国的军队遍天下，所向无敌，在中原各文明国家中威风八面。可是在魏安釐王去世之后，魏国的霸业也就结束了。如此看来，有了楚庄王、齐桓公在，楚国、齐国就可以称王称霸；有燕昭襄王、魏安釐王在，燕国、魏国就可以逞强斗勇。如今这些国家都衰亡了，是因为这些国家的大臣、官吏都做扰乱国家的坏事，而不努力推行治国的良策。这些国家已经全部混乱衰弱了，又都丢弃国家的法度去追求私利，这就像背着干柴去救火一样，国家只会混乱衰弱得更加严重！

故当今之时，能去私曲、就公法者①，民安而国治；能去私行、行公法者，则兵②强而敌弱。故审③得失有法度④之制者，加以群臣之上，则主不可欺以诈伪；审得失有权衡⑤之称者，以听远事，则主不可欺以天下之轻重。今若以誉进能，则臣离上而下比周；若以党⑥举官，则民务交而不求用于法。故官之失能者，其国乱。以誉为赏、以毁为罚也，则好赏恶罚之人，释公行、行私术⑦、比周以相为也。忘主外交，以进其与，则其下所以为上者薄矣。交众与多，外内朋党，虽有大过，其蔽多矣。故忠臣危死于非罪，奸邪之臣安利于无功。忠臣危死而不以其罪，则良臣伏矣；奸邪之臣安利不以功，则奸臣进矣：此亡之本也。若是，则群臣废法而行私重，轻公法矣。数至能人之门，不一至主之廷；百虑私家之便，不一图主之国。属数虽多，非所以尊君也；百官虽具⑧，非所以任国也。然则主有人主之名，而实托于群臣之家也。故臣曰：亡国之廷无人焉。廷无人者，非朝廷之衰也。家务相益，不务厚国；大臣务相尊，而不务尊君；小臣奉禄养交⑨，不以官为事。此其所以然者，由主之不上断于法，而信下为之也。故明主使法择人，不自举也；使法量功，不自度也。能者不可弊⑩，败者不可饰，誉者不能进，非者弗能退，则君臣之间明辩而易治，故主雠⑪法则可也。

【注释】
①者：君主。②兵：国势，国家。③审：审查。④法度：法律、规章制度。⑤权衡：秤锤与秤杆。⑥党：亲朋，私党关系。⑦术：手段。⑧具：通"俱"，全，都。⑨交：交好的朋友。⑩弊：埋没。⑪雠：通"仇"。这里是"以……核定"的意思。

译文

因此,在当今的世上,若有能够杜绝谋取私利的歪门邪道,而能按章执行国家法律的君王,人民便会安居乐业,国家便会安定团结;有能够弃掉谋求私利之心而克己奉公守法的臣下,国家便会强盛,敌方便会虚弱。因此,只要君王明察得失,用法律来控制臣下,便不会被臣子的狡诈虚伪欺骗;用法度来衡量和审察得失,听取远方的事情,那么君主就不会被天下轻重倒置的事情欺骗。如今倘若根据名声推举人才,那么臣子便会远离君主而在私底下结党营私、朋比为奸;若根据朋党关系推举官吏,那么臣民就会热衷于结交拉拢,而不求按国法办事。因此,官吏没有才能不称职,国家就会混乱。根据名声施予奖赏,根据诽谤进行处罚,那些喜爱奖赏、厌恶惩罚的人,便会扔掉正规的处事行为,玩弄谋私的手段,勾结朋党一起做坏事。他们忘掉君主的利益而在外搞个人私交,以便进用他们的党羽,那么他们的下级能为君主办事的人就少了。他们广交党羽,里里外外都是自己的人,即使有重大的过错,也有很多人为他们掩护。所以忠臣没有过错却遭受危难,奸臣没有功劳却安稳得利。忠臣遭受危难,被处死,却不是因为他们有罪,那么忠良就会隐退;奸臣安稳得利不是因为他们有功,那么奸臣就会在朝廷得到任用,这就是国家衰亡的根本原因。倘若是这样,群臣就会抛弃国法,重视个人的权力,轻视国法。他们屡次到善于结交朋党的"能人"家中,却一次都不去朝廷;上百次考虑自己的私利,却一次也不为君主的国家考虑。下属官员的数目虽然多,但不是用来尊重国君的;各种官职虽然齐备,但不是用来担当国家重任的。既然这样,那么君主虽然有君主的名称,而实际上只能依托于群臣的私家势力。因此我说:亡国的朝廷无尊君治国之人。朝廷没有尊君治国的人,不是说朝廷的大臣少了。大家只顾互相增加财富,却不努力增加国家的财富;大臣只顾互相抬高各自的地位,却不尊重国君;小臣用俸禄供养私友,不把自己的职责当回事。之所以出现这种情况,是因为同君不按法办事,而听任臣下随便行事。为此,贤明的国君以法则来选拔人才,而不仅凭一己之好恶;以法度来衡量功劳大小,而不仅凭主观揣度。这样有才能的人不会被埋没,没有才能的人无从掩饰,徒有虚名的人不能进用,蒙受非难的人不会被冤枉,那么君王对臣子的功劳和罪过便会非常清楚,国家便会容易治理,因此说君王以法度衡量一切便可以了。

韩非子

夫人臣之侵其主也，如地形焉；即渐以往①，使人主失端，东西易面而不自知。故先王立司南②以端朝夕。故明主使其群臣不游意③于法之外，不为惠④于法之内，动无非法。峻法，所以禁过外私也；严刑，所以遂令惩下也。威不贷错（刘师培曰"贷"乃"贰"之讹），制不共门。威、制共，则众邪彰矣；法不信，则君行危矣；刑不断，则邪不胜矣。故曰：巧匠目意中绳⑤，然必先以规矩为度；上智捷举中事，必以先王之法为比。故绳直而枉木斫，准夷而高科削，权衡县而重益轻，斗石⑥设而多益少。故以法治国，举措而已矣。法不阿贵，绳不挠曲。法之所加，智者弗能辞，勇者弗敢争。刑过不避大臣，赏善不遗匹夫。故矫上之失，诘下之邪，治乱决缪，绌羡齐非，一民之轨，莫如法。属（王念孙曰"属"当为"厉"）官威民，退淫殆，止诈伪，莫如刑。刑重，则不敢以贵易贱；法审，则上尊而不侵。上尊而不侵，则主强而守要，故先王贵之而传之。人主释法用私，则上下不别矣。

【注释】

①以往：发展变化。②司南：古代测定方向的仪器，即指南车。③游意：在…以外打主意。④惠：恩惠。⑤绳：古时木匠所用的墨线。⑥斗石：都是容量单位。十斗为一石，重一百二十斤。

译文

臣子侵害君主，就像行路时的地形一样，由近及远，渐渐会有所变化，使国君迷失方向，东西方向倒换了而自己还不知道。所以先王设置司南来判断早晚太阳的方位。所以英明的君主不让他的群臣在法度之外打主意，不在法律的范围内私施恩惠，举动没有不合法的地方。严峻的法令是用来禁止犯罪、排除私欲的；严刑是用来贯彻法令、惩办臣下不轨行为的。威势不能由君臣二者同时树立，权力不能由君臣双方共同掌握。威势、权力由君臣共有，各种坏人就会明目张胆地活动；推行法度不守信用，君主办事就危险了；执行刑罚不果断，就不能制服奸邪。所以说：灵巧的工匠凭目测就能达到绳墨的要求，但必须先用圆规、矩尺为标准；智者做事敏捷且合理，必定先用先王的法令做准绳。所以墨绳直了，木头弯曲部分会被砍掉；水平器放平了，凸出的土包会被削平；用秤来称轻重，重的就要减轻，用斗，不管量多少，多的就要减给少的。倘若这样，以法治国，处置就可以适当了。法度不偏袒地位高贵的人，墨绳不迁就弯曲的东西。法度施加的制裁，聪明者不能用言辞狡辩，勇猛者也不能凭武力抗争。惩罚罪过，不因他是大臣而回避；奖赏善良，也不因他是普通人而遗忘。所以要矫正上层的过失，责问下层的错

误,治理纷乱,判断正误,削减多余、纠正错误,要统一人民的行为规范,没有比法律更好的了。要在官吏中整肃法纪,在人民中建立威望,斥退荒淫怠惰的行为,制止欺诈虚伪的风气,没有什么比刑罚更好的了。刑罚重,人们便不敢因为地位高贵而轻视低贱的人;法度严明,君主就受到尊重而不被侵犯。君王的尊严不被侵犯,统治就会强而有力,能掌握治国要领,所以先王重法治并把它传下来。君主倘若放弃法度而凭私意办事,那么君王与臣子就没有任何区别了。

二　柄

明主之所导制其臣者,二柄①而已矣。二柄者,刑、德也。何谓刑、德?曰:杀戮之谓刑,庆赏之谓德。为人臣者畏诛罚而利庆赏②,故人主自用其刑、德,则群臣畏其威而归其利矣。故世之奸臣则不然③,所恶,则能得之其主而罪之;所爱,则能得之其主而赏之。今人主非使赏罚之威利出于己也,听其臣而行其赏罚,则一国之人皆畏其臣而易其君,归其臣而去其君矣。此人主失刑、德之患也。夫虎之所以能服狗者,爪牙也;使虎释其爪牙而使狗用之,则虎反服于狗矣。人主者,以刑、德制臣者也,今君人者释其刑、德而使臣用之,则君反制于臣矣。故田常上请爵禄而行之群臣,下大斗斛而施于百姓,此简公④失德而田常用之也,故简公见弑。子罕谓宋君曰:"夫庆赏赐予者,民之所喜也,君自行之;杀戮刑罚者,民之所恶也,臣请当⑤之。"于是宋君失刑而子罕用之,故宋君见劫。田常徒用德而简公弑,子罕徒用刑而宋君劫。故今世为人臣者兼刑、德而用之,则是世主之危甚于简公、宋君也。故劫杀拥蔽⑥之主,兼失刑、德而使臣用之而不危亡者,则未尝有也。

【注释】
①二柄:指刑与德,即惩罚与奖赏两种权柄。②利庆赏:贪图奖赏。③不然:不是这样,并非如此。④简公:齐简公,春秋末年齐国的君主。⑤当:承担,掌管。⑥拥,堵塞。拥蔽:蒙蔽。

译文

圣明的君主用以控制臣下的,无外乎两个权柄而已。这两个权柄,便是刑与德。那么什么是刑和德呢?我认为:杀戮称作

刑，奖赏称作德。作为臣子的害怕刑罚而贪图奖赏，因此君主亲自掌握刑赏权力，那么群臣便会畏惧君主的威势而不向君主索取奖赏了。然而世上的奸臣却并非如此，对于他所厌恶之人，他能够从君主那里取得权力予以惩罚；对所宠爱之人，他便能够从君主那里得到权力予以嘉奖。假如赏罚的威势和利禄不由君主自己主宰，而是听从他的臣下去施行赏罚，那么全国的人都惧怕臣下而轻视君主，都会归附权臣而离弃君主了。这便是君主失去赏与罚两种权力的后患。老虎之所以能制服狗，全靠它的爪牙，倘若老虎舍弃它的爪牙而让狗来用，那么老虎反而会被狗制服。作为君主，是靠刑、德两种权柄来统治臣下的。如果君主放弃这两种权柄让臣下使用，那么君主反而被臣下控制了。因此齐国大臣田常向君主请求爵禄赏赐给群臣，对下用加大斗斛的方法施舍粮食给百姓，这便是齐简公失去奖赏的权柄而由田常掌握，所以齐简公遭到杀害。子罕对宋桓侯说："奖励和赏赐是民众所喜欢的，请君主自己去履行；杀戮和刑罚是民众所厌恶的，请允许我来承担吧。"于是宋桓侯失去刑罚的权柄，由子罕掌握，宋桓侯因此被挟持。田常仅仅掌握了奖赏大权，齐柜公就遭到了杀害；子罕仅仅掌握了刑罚大权，宋桓侯就遭到了劫杀。假如当代的臣子兼用刑与德两种权力，那么君主会遭受比简公、宋桓侯还要大的危险。所以被弑杀被蒙蔽的君主，一旦同时失去刑与德两种权力而由臣下执掌，这样做而不国破身亡的，从来没有过。

人主将欲禁奸，则审合刑①名者，言异事也。为人臣者陈而②言，君以其言授之事，专以其事责③其功。功当④其事，事当其言则赏；功不当其事，事不当其言则罚。故群臣其言大而功小者则罚，非罚小功也，罚功不当名也；群臣其言小而功大者亦罚，非不说于大功也，以为不当名也，害甚于有大功，故罚。昔者韩昭侯醉而寝，典冠⑤者见君之寒也，故加衣于君之上。觉寝而说，问左右曰："谁加衣者？"左右对曰："典冠。"君因兼罪典衣⑥与典冠。其罪典衣，以为失其事也；其罪典冠，以为越其职也。非不恶寒也，以为侵官之害甚于寒。故明主之畜臣，臣不得越官而有功，不得陈言而不当。越官则死，不当则罪。守业⑦其官，所言者贞⑧也，则群臣不得朋党相为⑨矣。

【注释】
①刑：通"形"，行为。②而：你的。③责：要求。④当：相符。⑤典冠：给君主掌管帽子的侍官。⑥典衣：给君主掌管衣服的近侍官。⑦业：治理，管好。⑧贞：指与事实相符。⑨相为：互相勾结。

韩非子

译文

作为君主想要禁止奸邪坏事发生,应当审察形与名是否相合;形与名,便是所做的事与所说的话。臣下陈述他的主张,君主便根据他的言论交给他应做的事情,又专就他的事情要求相应的功效。功效与所做的事相符,所做的事与他的言论相符合,就奖赏;功效与所做的事不相符,所做的事与他的言论也不符合,就惩罚。所以群臣说大话而功效小的要罚,不是惩罚功效小的,而是责罚功效与言论不一致的;群臣说的小而功效大的也要罚,不是不喜欢功效大的,而是国君认为功效与言论不一致的危害比功效大还要厉害,所以要罚。以前,韩昭侯喝醉酒后睡着了,典冠官看见君主冷了,在君主身上加了件衣服。韩昭侯睡醒后很高兴,问左右侍奉的人:"是谁为我加的衣服?"左右侍奉的人回答说:"是典冠官。"韩昭侯就同时处罚了典衣和典冠官。君主处罚典衣官,是认为他疏忽了自己的职责;处罚典冠官,是认为他超越了他的职权范围。君主不是不怕冷,而是认为超越职权的危害比挨冻还厉害。所以英明的君主以禄位养臣下,使臣下不可以超越职权去立功,不得陈述不适当的意见。做事超越职权的要处死,陈述意见不妥的要处罚。属下坚守并管好自己分内的事情,所说的话与所做的事要相符合,那么群臣就不能结党营私,互相勾结了。

人主有二患:任贤,则臣将乘于贤以劫①其君;妄举,则事沮②不胜。故人主好贤,则群臣饰行以要君欲,则是群臣之情不效③。群臣之情不效,则人主无以异其臣矣。故越王好勇,而民多轻死;楚灵王好细腰,而国中多饿人;齐桓公妒外而好内④,故竖自宫以治内;桓公好味,易牙蒸其子首而进之;燕子哙好贤,故子之明不受国。故君见⑤恶,则群臣匿端⑥;君见好,则群臣诬能。人主欲见,则群臣之情态得其资⑦矣。故子之托于贤以夺其君者也,竖刁、易牙因君之欲以侵其君者也。其卒⑧子哙以乱死,桓公虫流出户而不葬。此其故何也?人君以情借⑨臣之患也。人臣之情,非必能爱其君也,为重利之故也。今人主不掩其情,不匿其端,而使人臣有缘以侵其主,则群臣为子之、田常不难矣。故曰:"去好去恶,群臣见素⑩。"群臣见素,则大君不蔽矣。

【注释】
①劫:胁迫。②沮:败坏。③效:显露。④好内:喜欢女色。⑤见:通"现",表现。⑥匿端:把事情隐藏起来,不露一点苗头。⑦资:依据,凭借。⑧卒:结果。⑨借:交给。⑩素:指本来面目。

译文

君主有两种祸患：倘若任用贤人，那么臣下就会假借贤名来胁迫君主；倘若随意乱用人才，事情就会败坏而不能办成。因此，君主爱好贤才，群臣便会掩饰自己的行为去迎合君主的喜好，这样群臣的真实情况便不会显露出来。群臣的真实情况不显露出来，那么君主就无法分辨臣下的好坏。以前越王勾践喜欢勇士，就有许多人轻视死亡；楚灵王喜欢细腰美女，楚国便有许多宁可挨饿的人；齐桓公性情嫉妒而喜欢女色，竖刁就自己阉割去治理宫内的事；桓公喜欢美味的食物，易牙就把儿子的头蒸了献给桓公；燕王哙爱好贤才想要让贤，子之就表面上装作不接受王位。所以君主表现出厌恶什么，群臣就会把事情隐藏起来；君主表现出喜欢什么，群臣就吹嘘有这方面的能力。君主把意见表现出来，群臣就会借此表现他们的情态。子之假借贤名来夺取燕王哙的王位，竖刁、易牙顺从君主的欲望来侵害他们的国君。结果，燕王哙因战乱而死，齐桓公死后尸体腐烂，蛆虫爬出门外还无人安葬。这是什么缘故呢？这是君主流露出真意给群臣所造成的祸患啊。臣下的真意不一定是爱他的君主，而是看重利益的缘故。所以如果君主不掩饰真意，不隐藏他要做的事情，而使臣下有缘由来侵害他的君主，那么臣下成为子之、田常这一类的人就不困难了。所以说："君主不表现自己的爱好和憎恶，群臣就会表现出自己的本来面目。"群臣表现出本来面目，君主就不会被蒙蔽了。

孤 愤

【注释】

①智术：通晓某种手段、方法、技巧。②烛：名词用于动词，照见的意思。这里是考察、洞察的意思。③矫奸：纠正犯法。

智术之士①，必远见而明察，不明察，不能烛私②；能法之士，必强毅而劲直，不劲直，不能矫奸③。人臣循令而从事，案法而治官，非谓重人也。重人也者，无令而擅为，亏法利私，耗国以便家，力能得其君，此所为重人也。智术之士明察，听用，且烛重人之阴情；能法之士劲直，听用，且矫重人之奸行。故智术能法之士用，则贵重之臣必在绳之外矣。是智法之士与当途之人，不可两存之仇也。

韩非子

译文

懂得治国方法的人,一定要有远见和明察,不明察,就不能洞察隐秘私情;能推行法治的人,一定要坚强果断,刚劲正直,不刚劲正直,就不能纠正犯罪的行为。做臣子的要遵循君令治理政事,按照法度履行职责,这不是说的权重的人。权重的人,就是无视法令而独断专行,破坏国家的法制来谋取个人的私利,损耗国家的利益来方便自家利益,他们的势力可以控制君主,这才是所说的权重的人。通晓治国之术的人处世明察,他们的主张被君王采纳,自己被君王任用,将会洞察权重的人的隐情;能推行法治的人刚直不阿,他们的言论被君王接纳,自身受到任用,将能惩办权重的人的奸邪行为。因此这两种人得到任用,权重的大臣一定不会维护法律。如此说来,懂得法治的人与当权重臣,是势不两立的仇敌。

当途之人擅①事要,则外内为之用矣。是以诸侯不因,则事不应,故敌国为之讼②;百官不因,则业不进,故群臣为之用;郎中不因,则不得近主,故左右为之匿;学士不因,则养禄薄礼卑,故学士为之谈也。此四助者③,邪臣之所以自饰也。重人不能忠主而进其仇,人主不能越四助而烛察其臣,故人主愈弊而大臣愈重。

【注释】
①擅:擅权,独断专行。②讼:此同"颂",称颂。③四助:指为当途之人效劳的四种帮凶,即诸侯、百官、郎中、学士四种人。

译文

国家大事被当权者独揽,那么外交和内政就被他们控制了。正因为如此,诸侯若不依靠他,事情就得不到照应,所以实力相当的诸侯都称颂他;各级官吏若不依靠他,那么他们的政绩就不能进献到君王那里,所以臣子们都会替他效事;君王的侍从官员若不依靠他,就不能接近君王,所以君王左右的人都替他隐瞒私情;读书之人若不依靠他,就会俸禄薄且待遇低,所以饱学之士都为他吹嘘。这四种帮凶都是奸臣用来掩饰自己不轨行为的工具。权重的人不能忠于君王而推举他们的政敌,君王不能越过上述四种帮凶来洞察他的臣下,所以君王越来越被蒙蔽,那么大臣的权力也就越来越大。

夫越虽国富兵强,中国之主皆知无益于己也,曰:"非吾所得制也。"今有国者虽地广人众,然而人主壅蔽,大臣专权,是国为越也。智不类越,而不智不类其国,不察其类

【注释】
①吕氏:齐国为周初周武王的

相父姜尚（又称吕尚）的封地，所以国君姓吕。②姬氏：晋国为周初周武王次子的封地，所以国君姓姬。六卿：指晋国的六家最大的贵族：范、中行、知、韩、魏、赵六氏。

者也。人之所以谓齐亡者，非地与城亡也，吕氏弗制而田氏用之①；所以谓晋亡者，亦非地与城亡也，姬氏不制而六卿专之也②。今大臣执柄独断，而上弗知收，是人主不明也。与死人同病者，不可生也；与亡国同事者，不可存也。今袭迹于齐、晋，欲国安存，不可得也。

　　尽管越国国富兵强，然而中原各诸侯都知道这样对自己没有利，都说："这不是我们所能控制的。"现在国家虽然土地广阔人口众多，然而君王被蒙蔽，大臣们独断专权，这样一来，国家就像越国一样了。只知道自己的国家和越国不一样，而不知道自己现在的国家也已经变了样，这是因为不能审察事实的类似性。人们之所以说齐国灭亡了，不是指国土与城池

丧失了,而是指吕氏不能控制政权而被田氏取代了;人民之所以说晋国灭亡,也不是因为土地与城邑丧失了,而是因为姬氏不能掌握政权而被六卿取代。现在大臣执政,独断专行,而君王不知道收回权柄,这就是国君不英明。与死人有相同病症的人,是不能活下去的;与灭亡国家有一样情况的国家,是不能长久存在的。今天沿袭齐、晋想保存国家的老路,这是不可能的。

凡法术之难行也,不独万乘,千乘亦然。人主之左右不必智也,人主于人有所智而听之,因与左右论其言,是与愚人论智也;人主之左右不必贤也,人主于人有所贤而礼之,因与左右论其行,是与不肖论贤也。智者决策于愚人,贤士程行于不肖,则贤智之士羞而人主之论悖矣。人臣之欲得官者,其修士且以精洁固身①,其智士且以治辩进业。其修士不能以货赂事人,恃其精洁而更不能以枉法为治,则修智之士不事左右、不听请谒矣。人主之左右,行非伯夷也②,求索不得,货赂不至,则精辩之功息,而毁诬之言起矣。治乱之功制于近习,精洁之行决于毁誉,则修智之吏废,则人主之明塞矣。不以功伐决智行,不以参伍审罪过,而听左右近习之言,则无能之士在廷,而愚污之吏处官矣。

【注释】
①修士:古代注重自身品德修养的人。②伯夷:商朝末年周朝初年的隐士,后人尊他为清高廉洁的典范。

译文

凡是法术难以推行的,不仅在有万乘兵马的大国,在只有千乘兵马的小国也是一样。君王的身边,不一定要有有才智的人,君王认为某人有才智而听取他的意见,并且与近臣讨论他的言论,那就是与愚人讨论才智;君王的近臣,不一定都是有德行的人,君王认为某人有德行,而礼貌地对待他,并且与近臣讨论他的德行,这就是与缺少德行的人讨论有德行的人。智者的决策由愚蠢的人来判断,有德行的人靠缺德的人来评判。那么有德行的人和有才能的人会感到羞耻,而君王得出的论断也必定是荒谬的。臣子中想要得到爵位的人,是在德行修养上严格要求自己的人,他们将会专心国家的事业和保持自身廉洁;有才智的人,将会以办理好国家政事来奉献功业。作为品德上严格要求自己和有才智的人,不会用财物去贿赂、侍奉别人,而是依靠着自己的精纯廉洁,更不可能违反法律办事。那么,品德

好、才智高的人不会去奉承君主近侍,也不会去理会私人的请求拜托。君王身边的人,不像伯夷那样廉洁,他们要求索取而得不到,财物贿赂没有跟上,那么精明强干者的功业,就要被压制,而诽谤诬陷的言论就会多起来了。办好政事的功业被君王左右的亲信制约,廉洁的行为被诽谤裁决,那么品德好、才智高的官吏必遭斥退,而君王的明察之见也就被阻塞了。不按照功劳业绩来裁决智慧和德行,不以反复验证来审察罪过,而是听信身边亲信的话,那么没有才能的人就会充斥朝廷,而愚蠢腐败的人也能当官了。

万乘之患,大臣太重;千乘之患,左右太信:此人主之所公患也。且人臣有大罪,人主有大失,臣主之利相与异者也。何以明之哉?曰:主利在有能而任官,臣利在无能而得事;主利在有劳而爵禄,臣利在无功而富贵;主利在豪杰使能,臣利在朋党用私。是以国地削而私家富,主上卑而大臣重。故主失势而臣得国,主更称蕃臣①,而相室剖符②。此人臣之所以谲主便私也。故当世之重臣,主变势③而得固宠者,十无二三。是其故何也?人臣之罪大也。臣有大罪者,其行欺主也,其罪当死亡也。智士者远见而畏于死亡,必不从重人矣;贤士者修廉而羞与奸臣欺其主,必不从重臣矣。是当途者之徒属,非愚而不知患者,必污而不避奸者也。大臣挟愚污之人,上与之欺主,下与之收利侵渔,朋党比周,相与一口,惑主败法,以乱士民,使国家危削,主上劳辱,此大罪也。臣有大罪而主弗禁,此大失也。使其主有大失于上,臣有大罪于下,索国之不亡者,不可得也。

【注释】
①蕃臣:被封以适当土地的臣子。②剖符:古代用金属或竹木做成"符",把符节剖分为二,双方各执其半,君王下达命令给臣子,就以剖符为凭证。③变势:这里指君权的变更。

译文

有万乘兵马的大国所惧怕的祸患,在于大臣的权势太重;有千乘兵马的小国所惧怕的祸患,在于君主对身边的人太宠信:这是所有君王的通病。况且臣下有大的罪行,君王就有大的过失,臣子与君王的利益是相互对立的。为什么要这么说呢?因为君王的利益在于任用有才能的人当官,臣子的利益在于没有才能也能得到职务;君王的利益在于建立功业就赏赐爵禄,臣子的利益在于没有功劳也能得到富贵;君王的利益在于对豪杰重用他的才能,臣子的利益在于依靠党羽图谋私利。因此,国家的土地被削弱,家族私人就富有;君王君主地位卑下而大臣权势更重。所以君王失去权势,而臣子得到了国家,君王改变地位而成为藩臣,而大臣、相国却用虎符发号施令。这就是臣子欺诈君主,以便图谋私利的原因。所以,当世的重臣,在君王换代转变以后,还能保持宠信的,也就只有十之二三了。这是什么原因呢?是这些人臣的罪过太大了。人臣最大的罪过就是欺骗君王,这种罪行当处以死刑。有智慧的人富有远见而又畏惧死亡,必然不会追随重臣的;贤能之士美好、廉洁,因而耻于与奸臣一起欺骗君主,必然不会追随重臣的。因此,当道掌权者的追随者,不是愚蠢而不知道灾祸的人,就必然是腐败而不回避奸邪的人。重臣带领着愚蠢腐败的人,对上欺诈君王,对下搜刮钱财、侵害掠夺、结党营私、串通一气,迷惑君王,败坏法纪,在官员和百姓中造成混乱,使国家利益受到损害,使君王名声受辱而烦恼,这是最大的罪行啊!臣子犯如此大罪,而君王却不加以禁止,这是最大的过失。倘若一个国家上有君王犯如此大过失,下有重臣犯如此大罪,要想这个国家不灭亡,那是不可能的。

亡　征

凡人主之国小而家大,权轻而臣重者,可亡也。简法禁而务谋虑,荒封内而恃交援者,可亡也。群臣为学,门子好辩,商贾外积,小民右仗者,可亡也。好宫室台榭陂池,事车服器玩,好罢露百姓,煎靡货财者,可亡也。用时日,事鬼神,信卜筮而好祭祀者,可亡也。听以爵不以待参验,用一人为门户者,可亡也。官职可以重求,爵禄可以货得者,可亡也。缓心而无成,柔茹而寡断,好恶无决而无所定立者,可亡也。饕贪而无餍,近利而好得者,可亡也。喜淫辞而不周于法,好辩说而不求其用,滥于文丽而不顾其功者,可亡也。浅薄而易见,漏泄而无藏,不能周密而通群臣之语者,可亡也。很刚而不和,愎谏而好胜,不顾社稷而轻为自信者,可亡也。恃交援而简近邻,怙强大之救而侮所迫之国者,可亡也。羁旅侨士,重帑在外,上间谋计,下与民事者,可亡也。民信其相,下不能其上,

【注释】
①两重:两位大臣的权势都很大。②变褊:肚量狭小。

主爱信之而弗能废者，可亡也。境内之杰不事，而求封外之士，不以功伐课试，而好以名问举错，羁旅起贵以陵故常者，可亡也。轻其适正，庶子称衡，太子未定而主即世者，可亡也。大心而无悔，国乱而自多，不料境内之资而易其邻敌者，可亡也。国小而不处卑，力少而不畏强，无礼而侮大邻，贪愎而拙交者，可亡也。太子已置，而娶于强敌以为后妻，则太子危，如是则群臣易虑；群臣易虑者，可亡也。怯慑而弱守，蚤见而心柔懦，知有谓可，断而弗敢行者，可亡也。出君在外而国更置，质太子未反而君易子，如是则国携，国携者，可亡也。挫辱大臣而狎其身，刑戮小民而逆其使，怀怒思耻而专习则贼生，贼生者，可亡也。大臣两重①，父兄众强，内党外援以争事势者，可亡也。婢妾之言听，爱玩之智用，外内悲惋而数行不法者，可亡也。简侮大臣，无礼父兄，劳苦百姓，杀戮不辜者，可亡也。好以智矫法，时以行杂公，法禁变易，号令数下者，可亡也。无地固，城郭恶，无畜积，财物寡，无守战之备而轻攻伐者，可亡也。种类不寿，主数即世，婴儿为君，大臣专制，树羁旅以为党，数割地以待交者，可亡也。太子尊显，徒属众强，多大国之交，而威势蚤具者，可亡也。变褊②而心急，轻疾而易动发，心悁忿而不訾前后者，可亡也。主多怒而好用兵，简本欲教而轻战攻者，可亡也。贵臣相妒，大臣隆盛，外藉敌国，内困百姓，以攻怨仇，而人主弗诛者，可亡也。君不肖而侧室贤，太子轻而庶子伉，官吏弱而人民桀，如此则国躁，国躁者，可亡也。藏怨而弗发，悬罪而弗诛，使群臣阴憎而愈忧惧，而久未可知者，可亡也。出军命将太重，边地任守太尊，专制擅命，径为而无所请者，可亡也。后妻淫乱，主母畜秽，外内混通，男女无别，是谓两主，两主者，可亡也。后妻贱而婢妾贵，太子卑而庶子尊，相室轻而典谒重，如此则内外乖，内外乖者，可亡也。大臣甚贵，偏党众强，壅塞主断而重擅国者，可亡也。私门之官用，马府之世绌，乡曲之善举，官职之劳废，贵私行而贱公功者，可亡也。公家虚而大臣实，正户贫而寄寓富，耕战之士困，末作之民利者，可亡也。见大利而不趋，

韩非子

闻祸端而不备,浅薄于争守之事,而务以仁义自饰者,可亡也。不为人主之孝,而慕匹夫之孝,不顾社稷之利,而听主母之令,女子用国,刑余用事者,可亡也。辞辩而不法,心智而无术,主多能而不以法度从事者,可亡也。亲臣进而故人退,不肖用事而贤良伏,无功贵而劳苦贱,如是则下怨,下怨者,可亡也。父兄大臣禄秩过功,章服侵等,宫室供养太侈,而人主弗禁,则臣心无穷,臣心无穷者,可亡也。公婿公孙与民同门,暴愎其邻者,可亡也。

译文

凡君主的封国小而卿大夫的封地大,君主的权势轻而臣下的权势重的,国家可能灭亡。忽视法律禁令而专心从事计谋,荒废境内的治理而依仗外国救援的,国家可能灭亡。群臣研治私学,门客喜欢空言善辩;商人把财物储存在国外,百姓喜欢仰仗仁义的赏赐,国家可能会灭亡。喜欢宫室、台榭、池塘,追求车马、服饰、器皿、珍玩,总是使老百姓疲劳困顿,消耗挥霍财物的,国家就会灭亡。办事选择时辰日子,侍奉鬼神,迷信卜筮,喜欢祭祀的,国家可能会灭亡。君主听取意见只根据爵位高低而不用事实比较检验,只用一个人作为传达意见的通道,国家可能会灭亡。官职可以依靠权势取得,爵禄可以用钱财买到的,国家可能会灭亡。君主考虑事情迟缓而没有成效,个性柔弱而不果断,好坏不分而且没有坚定立场的,国家就可能灭亡。贪婪不知足,追求利益而且喜欢占便宜的,国家就会灭亡。喜欢浮夸的言辞而不符合法制,爱好巧辩的说辞而不讲实用,滥用华丽辞藻而不管它的功效的,国家就可能会灭亡。君主不持重而轻易表现好恶,泄露秘密而没有隐藏,不够周到细密而将臣下的进言互相串通透露的,国家可能会灭亡。乖戾倔强又不随和,任性拒绝劝谏而且好胜,不顾国家利益而轻易表现出自信的,国家就可能灭亡。倚仗邦交国的援助而怠慢近处的邻国,凭借强国的救助而轻侮邻近国家的,国家就可能灭亡。寄居在国内的外籍旅客与游士,把钱财存在国外,向上探听国家机密,向下干预百姓事务的,国家就可能灭亡。百姓信任相国,不与君主亲近,君主又宠信相国不肯废他的,国家就可能灭亡。国内的能人不被任用,转而去寻求国外的游士,不按功绩进行考核,却喜欢根据虚名任免官吏,把寄居在国内的外籍游士起用到尊贵的位置上,而超过论功

韩非子

定爵的常规的,国家就可能灭亡。轻视嫡长子,庶子与嫡子抗衡,太子还没册立而君主就去世的,国家就可能灭亡。粗心大意却不知悔改,国家混乱还自我称赞,高估国家的实力而轻视邻近敌国的,国家就可能灭亡。国家很小而不甘心排在卑下地位,力量很弱而不畏惧强国,不讲礼仪而侮慢强大的邻国,贪得无厌、一意孤行而不善外交的,国家就可能灭亡。太子已被册立,又娶强敌的女子为正室夫人,太子的地位就危险了,这样,群臣就会改变想法,国家就可能灭亡。性格懦弱而不能坚持己见,早已发现祸端但内心软弱、犹豫不决,虽然认为可以去解决,决定了又不敢去实行,国家可能会灭亡。君主还在外边而国内另立新君,抵押在别国的太子没回来而改立了新太子,这样,百姓就会产生二心,百姓怀有二心的,国家就可能灭亡。君主侮辱了大臣而又亲近戏弄他,惩罚了小民又违逆他们的意愿役使他们,这些人心怀怨恨、不忘耻辱,国君还亲近他们,就会产生劫杀的事情,发生这种事,国家就可能灭亡。两位大臣权势都很大,与君主同姓的重臣既多又强,他们内结党羽、外借援助而争权夺势的,国家就可能灭亡。听信婢妾的话,与近臣玩乐,朝廷内外,都在悲痛,而婢妾与近臣们屡屡做出违法事情的,国家可能会灭亡。轻视、侮辱大臣,对同姓重臣无礼,使百姓劳苦,杀害无罪的人,国家就可能灭亡。喜欢用个人意见改变法制,经常用自己的私行扰乱国家,法律和禁令随意改变,命令不停发布的,国家就可能灭亡了。无险要地势,城墙修得不好,国家没有积蓄,财物很少,没有防守和进攻的准备就轻易打仗的,国家就可能灭亡。君主家族人寿命不长,君主接连死去,婴儿做了君主,大臣专断行事,扶植外来游士为党羽,常常割地以求和大国结交,国家就可能灭亡。太子地位过于显赫,党徒众多且强大,与许多大国结交,声威与权势早已形成的,国家就可能灭亡。肚量狭小而急躁,处事轻率而容易激动发作,心怀积愤而不考虑后果的,国家就可能灭亡。君主常发怒而爱好使用武力,忽视农业和练兵而轻易打仗的,国家就可能灭亡。权贵互相嫉妒,大臣权势强大,他们在外借助敌国的势力,在内困扰百姓,攻击和自己有私怨的人,君主却不加以诛除的,国家就可能灭亡。君主无能,他的叔伯兄弟有才干,太子的权势小而庶子的权势大,官吏软弱而百姓不驯服,这样,国家就会动荡不安,国家动荡不安的,就可能灭亡。君主怀恨而不发作,不处理案件,对犯人不加惩罚,使群臣暗中憎恨君主而更加担忧、害怕,长久不知道自己命运的,国家就

可能灭亡。派遣出的军队任命的大将权力很大，边境任命的郡守地位太高，他们独断专行，直接行事而不请示国君的，国家就可能灭亡。君主的正室夫人淫乱，母亲私养姘夫，宫内宫外混乱私通，男女分别不明，容易形成妻后与太后两个权力中心。这两个权力中心与君主相对抗的，国家就可能灭亡。君主的正妻遭到贱视而婢妾受到尊宠，太子地位低下而庶子受到尊重，相国的势力小而内廷小官权势大，这样朝廷内外违反尊卑，违反尊卑，国家就可能灭亡。大臣非常显贵，私党既多且强，封锁君主的断决而独揽国家大权的，国家就可能灭亡。权臣豪门的属吏被任用，有过军功的子孙后代却被贬黜，乡下有善名的人被选拔，任官职有劳绩的人却被废弃，看重谋私利的行为而轻视为国立功的，国家就可能灭亡。国库空虚而大臣家财充实，有固定户籍的人贫穷而客居的人富裕，农民和士兵困苦，而从事工商的人捞到好处的，国家就可能灭亡。看到大利也不去追求，发现祸乱的苗头不加戒备，对攻战和守备的事情浅薄无知，却努力用仁义来自我粉饰的，国家就可能灭亡。不为君主保国安民的大孝，却羡慕平民对父母的小孝，不顾国家的利益，却听太后的命令，让女人执政、宦官掌权的，国家就可能灭亡。能说会辩却不守法，头脑机灵而不善用术，君主多才能却不按法度行事的，国家就可能灭亡。宠信的臣子被任用而旧臣被废退，庸才当权而贤能者被埋没，没功绩的人显贵而劳苦功高的却很卑贱，这样，臣下就会怨恨，臣下怨恨的，国家就可能灭亡。君主的同姓大臣俸禄的等级超过他们的功劳，他们的礼服超过了规定的等级，宫室的供养太奢侈，而君主却不制止，则臣下的欲望就没有止境；臣下的欲望没有止境，国家就可能灭亡。皇亲国戚与百姓在同一里门出入，对于邻里暴虐而骄横的，国家就可能灭亡。

亡征①者，非曰必亡，言其可亡也。夫两尧不能相王，两桀不能相亡；亡、王之机，必其治乱、其强弱相踦者也。木之折也必通蠹，墙之坏也必通隙。然木虽蠹，无疾风不折；墙虽隙，无大雨不坏。万乘之主，有能服术行法以为亡征之君风雨者，其兼天下不难矣！

【注释】

①亡征：国家灭亡的征兆。

译文

出现了灭亡的征兆，不是说国家一定要灭亡，而是说它可能灭亡。两位像尧那样的好君主，谁也不能统治谁；两个像桀那样的君主，谁也不能灭亡谁。灭亡与称王的关键，取决于两国的安定与混乱、强弱与盛衰的偏重状况。树木折断一定是由于生了蛀虫,墙倒塌也一定是由于有裂隙。但树木虽然有蛀虫,没有大风也不会折断;墙虽然有裂隙,没大雨也不会倒塌。大国的君主,如果有能力用术行法,并用法术作为已有灭亡征兆的国家的风雨去摧枯拉朽,那么他兼并天下就不难了。

说 林 上

汤以伐桀,而恐天下言己为贪也,因乃让天下于务光①。而恐务光之受之也,乃使人说务光曰:"汤杀君而欲传恶声于子,故让天下于子。"务光因自投于河。

秦武王令甘茂择所欲为于仆与行事②。孟卯曰③:"公不如为仆。公所长者,使也。公虽为仆,王犹使之于公也。公佩仆玺而为行事,是兼官也。"

子圉见孔子于商太宰④。孔子出。子圉入,请问客。太宰曰:"吾已见孔子,则视子犹蚤虱之细者也。吾今见之于君。"子圉恐孔子贵于君也,因谓太宰曰:"君已见孔子,亦将视子犹蚤虱也。"太宰因弗复见也。

【注释】
①务光:中国古代传说中的人物,有才德的隐士。②甘茂:战国时楚国人,后来入秦国为秦武王的左相。③孟卯:战国时齐国人,以能言善辩著名。④商:指宋国。周武王灭纣以后,封纣的亲戚于宋,因此宋也称商。太宰:官名。

商汤讨伐夏桀,但又怕天下的人说自己贪心,于是就将天下让给一个叫务光的人。但又怕务光真的接受,就又派人劝勉务光说:"商汤王杀死了国君夏桀,他想把这个坏名声转嫁到你头上,所以才把天下让给你。"务光听了这番话后跳黄河自尽了。

秦武王命令甘茂在主管车马的太仆和出使者两种官职中选择一种想做的官。孟卯对他说:"你不如选太仆这个官。你的特长是当使臣。你虽然做了太仆,但是秦王还是会派你当使节的。这样,您佩带着太仆的官印,又做使臣的事,这就是一身兼两职了。"

子圉把孔子引见给宋国的太宰。孔子出来后,子圉就进去,问太宰对客人的看法。太宰说:"我已见过孔子,再看你就像跳蚤虱子一样细小了。我现在要带领他去见君王。"子圉恐怕孔

子会得到君王的宠幸,就对太宰说:"君王如果见了孔子后,就会觉得你像跳蚤虱子一样那么细小。"于是太宰就没有将孔子引见给君王。

魏惠王为臼里之盟①,将复立于天子。彭喜谓郑君曰②:"君勿听。大国恶有天子,小国利之。若君与大不听,魏焉能与小立之?"

晋人伐邢,齐桓公将救之。鲍叔曰③:"太蚤。邢不亡,晋不敝;晋不敝,齐不重。且夫持危之功,不如存亡之德大。君不如晚救之以敝晋,齐实利。待邢亡而复存之,其名实美。"桓公乃弗救。

子胥出走④,边候得之。子胥曰:"上索我者,以我有美珠也。今我已亡之矣。我且曰:'子取吞之。'"候因释之。

庆封为乱于齐而欲走越⑤。其族人曰:"晋近,奚不之晋?"庆封曰:"越远,利以避难。"族人曰:"变是心也,居晋而可;不变是心也,虽远越,其可以安乎?"

【注释】
①魏惠王:又称梁惠王,战国时魏国君王。②郑君:此指韩国国君。公元前375年韩灭郑,迁都于郑(今河南新郑),因此又称郑君。③鲍叔:即鲍叔牙。春秋五霸之一,齐桓公信任的大臣。④子胥:即伍子胥,春秋时楚国人,后因受迫害逃奔到吴国,做了吴国大臣。⑤庆封:春秋时齐国贵族,执掌政权期间淫乱无度,后被逐出齐国。

译文

魏惠王召集诸侯在白里举行盟会,准备恢复周天子的地位。彭喜对韩国君王说:"君王不要听他的话。大国厌恶有天子,只有小国才觉得天子对自己有利。如果您与大国都不听从他的话,魏国君王又怎么能和小国恢复天子的地位呢?"

晋国人攻打邢国,齐桓公正要发兵去救援邢国。齐桓公的大臣鲍叔牙说:"时间还太早。邢国不灭亡,晋国就不会衰微,齐国就显不出重要性。况且扶持危难中国家的功劳,不如挽救快灭亡的国家的功德大。你不如晚一点去救邢国,使晋国疲惫不堪,这对齐国是有利的。等到邢国灭亡之后,我们再帮助邢国重新复国,那名声才是真正的美好。"齐桓公于是不去救援。

伍子胥从楚国出逃,守卫边境的官吏捉住了他。伍子胥说:"楚王要搜捕我,是因为我有颗美丽的宝珠。现在我已经把宝珠搞丢了。假如你把我抓去见君王,我就说边境的官吏将珍珠吞到肚子里了。"于是,边境的官吏把伍子胥给放了。

庆封在齐国作乱而想要逃到越国去。他同族的人说:"晋国近一些,为什么不逃到晋国去呢?"庆封说:"越是远,就越有利于避难。"同族人又说:"假如你改变了你原来的心思,居住在

韩 非 子

晋国是可以的；如果不改变你原来作乱的心思，即使逃到遥远的越国，难道就能得到平安吗？"

智伯索地于魏宣子①，魏宣子弗予。任章曰："何故不予？"宣子曰："无故请地，故弗予。"任章曰："无故索地，邻国必恐。彼重欲无厌，天下必惧。君予之地，智伯必骄而轻敌，邻邦必惧而相亲。以相亲之兵待轻敌之国，则智伯之命不长矣。《周书》曰②：'将欲败之，必姑辅之；将欲取之，必姑予之。'君不如予之以骄智伯。且君何释以天下图智氏，而独以吾国为智氏质乎？"君曰："善。"乃与之万户之邑。智伯大悦，因索地于赵，弗与，因围晋阳。韩、魏反之外③，赵氏应之内，智氏自亡。

秦康公筑台三年。荆人起兵，将欲以兵攻齐。任妄曰："饥召兵，疾召兵，劳召兵，乱召兵。君筑台三年，今荆人起兵将攻齐，臣恐其攻齐为声，而以袭秦为实也，不如备之。"戍东边，荆人辍行。

【注释】
①智伯：春秋末期晋国六卿之一。②《周书》：记载周朝政治文诰一类的典籍。③韩、魏：晋国当时六家贵族中的两家，韩、魏被智氏邀约一起进攻赵氏，后反被赵氏用离间之计瓦解，转而攻击智氏，结果韩、赵、魏三家瓜分了智氏。

智伯向魏宣子索取土地，魏宣子拒绝将土地给他。任章说："为什么不给他？"魏宣子说："他无缘无故地索要土地，所以不给他。"任章说："无缘无故地索取土地，邻近的国家一定会恐慌起来。他贪得无厌，天下的人必然害怕。您现在就给他土地，智伯一定会骄傲轻敌，邻国一定会害怕它而互相亲近。用互相亲近的军队，来对付轻敌的国家，那么智伯的命运就不长久了。《周书》上说：'想要打败它，就必须暂且辅助它；想要夺取它，就必须暂且给它。'君王倒不如先给他土地使智伯骄傲起来。而且您为什么要放弃天下的力量来对付智伯，而单独把我国作为智氏攻击的靶子呢？"魏宣子说："说得好！"于是把一个万户大邑割给智伯。智伯非常高兴，于是就向赵国索求土地，赵国不给。智伯就派军队围攻赵国的晋阳。韩、魏氏在外面背叛了智伯，赵氏在里面响应，后来智氏因此自取灭亡。

秦康公要建筑高大的土台，筑了三年还没完工。楚国人调动军队，将要用武力攻打齐国。任妄说："饥荒会招来敌兵，疾病会招来敌兵，辛劳会招来敌兵，混乱会招来敌兵。君王筑台已经三年，现在楚国人将要攻打齐国，我怕楚国是以攻击齐国的名义，实际上是要袭击秦国，不如做好防备的措施。"于是秦

国就加强了东边边境的防守,楚国不久就停止了他们的军事行动。

齐攻宋,宋使臧孙子南求救于荆。荆大说,许救之,甚欢(顾广圻曰"欢"当从《策》作"劝")[1]。臧孙子忧而反。其御曰:"索救而得,今子有忧色,何也?"臧孙子曰:"宋小而齐大。夫救小宋而恶于大齐,此人之所以忧也,而荆王说,必以坚我也。我坚而齐敝,荆之所利也。"臧孙子乃归。齐人拔五城于宋而荆救不至。

魏文侯借道于赵而攻中山[2],赵肃侯将不许,赵刻曰:"君过矣。魏攻中山而弗能取,则魏必罢。罢则魏轻,魏轻则赵重。魏拔中山,必不能越赵而有中山也。是用兵者魏也;而得地者赵也。君必许之。许之而大欢,彼将知君利之也,必将辍行。君不如借之道,示以不得已也。"

【注释】

①欢:据考当作"劝",起劲的意思。②中山:春秋战国时的少数民族国家,在今河北中西部。③鸱夷子皮:春秋末年齐国执政的卿田成子的谋士。④舍人:侍卫。⑤逆旅:旅馆。

韩非子

鸱夷子皮事田成子③。田成子去齐,走而之燕,鸱夷子皮负传而从。至望邑,子皮曰:"子独不闻涸泽之蛇乎?泽涸,蛇将徙。有小蛇谓大蛇曰:'子行而我随之,人以为蛇之行者耳,必有杀子者。子不如相衔负我以行,人必以我为神君也。'乃相衔负以越公道而行。人皆避之,曰:'神君也。'今子美而我恶,以子为我上客,千乘之君也;以子为我使者,万乘之卿也。子不如为我舍人④。"田成子因负传而随之。至逆旅⑤,逆旅之君待之甚敬,因献酒肉。

译文

齐国攻打宋国,宋国就派臧孙子求助于楚国。楚王听了臧孙子的请求后,非常高兴,答应派兵救援宋国,他的样子显得十分起劲。臧孙子满面忧愁地回来。他的车夫说:"现在求救之事已经成功了,您反而脸上忧愁,是为什么呢?"臧孙子说:"宋国小而齐国大。救了弱小的宋国,却得罪了强大的齐国,这是一般人都会忧虑的事情。楚王很高兴,一定是为了坚定我国抗齐的决心。我国坚持抗齐,齐国的势力就会减弱,这对楚国很有利。"臧孙子就回到了宋国。后来齐国人占领了宋国的五个城邑,而楚国的救兵却一个也没来。

魏文侯向赵国借路攻打中山国,赵肃侯打算不答应。赵刻说:"君主,您错了。魏国攻打中山国是不能夺取的,那么魏国一定会疲惫,魏国疲惫那么国家的力量就会被削弱。魏国的力量被削弱了,就会显出赵国力量的强大。魏国如果攻占了中山国,一定不能隔着赵国而统治中山国。这样出兵的是魏国,而得到土地的却是赵国。您一定要答应他们。答应他们而且表示很高兴,他们就会知道您想从中得利,一定要停止军事行动。您不如借路给他们,并表现出迫不得已的样子。"

谋士鸱夷子皮侍奉田成子。有一同,田成子离开齐国逃跑到燕国,鸱夷子皮带着出入通行的令牌跟随着他。到了望邑,子皮说:"你难道没有听说过干涸的湖泽里的蛇?湖干涸了,蛇将迁移。有一条小蛇对一条大蛇说:'你走,我跟随着你,人们认为你是一条过路的蛇,一定会有想要杀你的人。不如相互衔着,你背着我走,人们一定认为我是神君。'于是它们互相衔着,大蛇背着小蛇越过大路。人们见了都躲避它们,说:'它们是神君。'现在您长得漂亮而我长得丑陋,把您作为我的上客,我只像一个中等的千乘之国的君王;把您作为我的使者,我就像万

·37·

乘大国的卿相。您不如做我的侍从，人们就把我当作大国的君主了。"于是田成子带着出入国家的令牌跟随道鸱夷子皮。到了旅馆后，旅馆的主人对他们十分尊敬，还献上酒肉。

温人之周①，周不纳客。问之曰："客耶？"对曰："主人。"问其巷人而不知也，吏因囚之，君使人问之曰："子非周人也，而自谓非客，何也？"对曰：臣少也诵《诗》曰②：'普天之下，莫非王土；率土之滨，莫非王臣。'今君，天子，则我天子之臣也。岂有为人之臣而又为之客哉？故曰'主人'也。"君使出之。

韩宣王谓樛留曰："吾欲两用公仲、公叔，其楊可乎？"对曰："不可。晋用六卿而国分③；简公两用田成、阚止，而简公杀；魏两用犀首、张仪④，而西河之外亡。今王两用之，其多力者树其党，寡力者借外权。群臣有内树党以骄主内（赵用贤本无后一"内"字），有外为交以削地，则王之国危矣。"

绍绩昧醉寐而亡其裘。宋君曰："醉足以亡裘乎？"对曰："桀以醉亡天下，而《康诰》曰⑤：'毋彝酒。'彝酒者，常酒也。常酒者，天子失天下，匹夫失其身。"

【注释】

①周：古代东周，今河南洛阳。②《诗》：指《诗经》。这里引自《诗经·小雅·北山》。③六卿：指春秋后期晋国的六家贵族：智氏、范氏、中行氏、赵氏、韩氏、魏氏，先是智、赵、韩、魏四家联合灭了范氏、中行氏；然后赵、韩、魏三家灭了智氏，最后三家瓜分晋国，形成了战国时期的韩、赵、魏三国。④犀首：魏国官名。这里指曾担任过这一职务的公孙衍。张仪：战国时魏国人，后至秦国，成为战国中后期秦国强大的主要功臣之一。⑤康诰：是《尚书》中的一篇。这里所引存今本《尚书·酒诰》中。

译文

有一个温邑人到东周，东周国不接待这位客人。问他说："您是外来的客人吧？"他回答说："是主人。"问他所住巷子的其他人，都说不认识他，官吏因此囚禁了他。国君派人问他说："你不是周人，却说自己不是客人，为什么呢？"他回答说："我小时候诵读《诗经》，《诗经》上说：'普天之下，莫不是君王的土地；沿着土地一直走到海边，莫不是君王的臣民。'现在君王是天子，我就是天子的臣民了。难道有做臣民的反而是客人的吗？所以说'我是主人。'"周君王就派人放了他。

韩宣王对樛留说："我想同时重用公仲朋和公叔伯婴两人，可以吗？"樛留回答说："不可以。晋国同时重用六家，而国家被瓜分；齐简公同时启用田成、阚止，而简公被杀；魏国同时重用犀首、张仪，而丧失了黄河以西的土地。现在您同时重用他们，他们当中势力大的就建立他的私党，势力小的就会借助外国的权势。群臣中有在国内培植党羽，而对君王骄横的，有对外勾结敌国来侵削国土的，那么，君王的国家就危险了。"

绍绩昧喝醉酒睡觉丢了他的皮袭。宋国的国君说："喝醉了能够丢掉皮衣吗?"绍绩昧回答说:"夏桀因酒醉而失去了天下,而《尚书·康诰》说:'不要彝酒。'彝酒,就是常喝酒。经常喝酒,天子就会失掉天下,平民就会危害身体健康。"

管仲、隰朋从桓公伐孤竹①,春往冬反,迷惑失道。管仲曰:"老马之智可用也。"乃放老马而随之,遂得道。行山中无水,隰朋曰:"蚁冬居山之阳,夏居山之阴。蚁壤一寸而仞有水。"乃掘地,遂得水。以管仲之圣而隰朋之智,至其所不知,不难师于老马与蚁。今人不知以其愚心而师圣人之智,不亦过乎?

有献不死之药于荆王者,谒者操之以入②。中射之士问曰③:"可食乎?"曰:"可。"因夺而食之。王大怒,使人杀中射之士。中射之士使人说王曰:"臣问谒者,曰'可食',臣故食之,是臣无罪而罪在谒者也。且客献不死之药,臣食之而王杀臣,是死药也,是客欺王也。夫杀无罪之臣而明人之欺王也,不如释臣。"王乃不杀。

田驷欺邹君,邹君将使人杀之。田驷恐,告惠子。惠子见邹君曰:"今有人见君,则睒其一目,奚如?"君曰:"我必杀之。"惠子曰:"瞽,两目睒,君奚为不杀?"君曰:"不能勿睒。"惠子曰:"田驷东慢齐侯,南欺荆王。驷之于欺人,瞽也,君奚怨焉?"邹君乃不杀。

管仲、隰朋跟随齐桓公攻打孤竹,春季出征,冬季返回,在返回途中迷了路。管仲说:"可以利用老马的智慧找路。"于是放开老马在前头带路,大家跟在它后面走,果然找到了路。走到深山里,没有水喝,隰朋说:"蚂蚁冬天居住在山的南面,夏天居处在山的北面。蚂蚁洞穴口上的浮土有一寸,掘下七尺一定有水。"于是就在有蚂蚁窝的地方挖地,果然挖到了水。以管仲的圣名和隰朋的智慧,碰到他们不知道的事情,不惜向老马和蚂蚁学习。现在的人不知道带着自己愚蠢的心智向圣人的智慧学习,不是错了吗?

有人献给楚王长生不死的药,通报者拿着药走进宫,宫廷侍卫问道:"可以吃吗?"通报者说:"可以。"侍卫夺过药便吃下去了。楚王得知后大发雷霆,命令左右把他杀掉。侍从托人劝说楚王:"我问传达官能不能吃,他说'可以吃',所以我才吃的,

韩非子

这样我是没有罪的,有罪的是传达官。何况客人献的是长生不死药,我吃了它以后大王要把我杀死,这药就是死药,是客人欺骗大王啊。您杀了无罪的我,说明大王您被人欺骗了,还不如释放我。"楚王听完这番申辩,才没有杀他。

田驷欺骗了邹国的君王,邹君将要派人去杀他。田驷很害怕,便去告诉惠施。惠施去觐见邹君说:"假如有人在觐见君王时闭着一只眼睛,君王您会怎样呢?"邹君说:"我必定杀了他。"惠施说:"瞎子两只眼睛都闭着,您为什么不杀他呢?"邹君说:"他们的眼睛不能不闭啊。"惠施说:"田驷在东边欺骗过齐侯,在南边欺骗过楚王。田驷的骗人,和瞎子一样,您何必怨恨他呢?"邹国国君听了,就不杀田驷了。

说 林 下

【注释】
①崇侯、恶来:都是殷末暴君纣的宠臣。②比干:纣的叔父,因多次劝谏纣而被杀。子胥:伍子胥,因多次劝谏吴国君王夫差而被杀。③三坐:指宋君、太宰、季子。

伯乐教其所憎者相千里之马,教其所爱者相驽马。千里之马时一,其利缓;驽马日售,其利急。此《周书》所谓"下言而上用者,惑也"。

桓赫曰:"刻削之道,鼻莫如大,目莫如小。鼻大可小,小不可大也;目小可大,大不可小也。"举事亦然。为其后可复者也,则事寡败矣。

崇侯、恶来知不适纣之诛也①,而不见武王之灭之也。比干、子胥知其君之必亡也②,而不知身之死也。故曰:"崇侯、恶来知心而不知事,比干、子胥知事而不知心。"圣人其备矣。

宋太宰贵而主断。季子将见宋君,梁子闻之曰:"语必可与太宰三坐乎③,不然,将不免。"季子因说以贵生而轻国。

伯乐教他所讨厌的人识别千里马,教他喜爱的人识别普通的马。因千里马偶尔才能有一匹,从中获得利益很慢;普通的马每天都有人买卖,得到利益很快。这就是《周书》中所说的"把适用于一时一事的话当作普遍采用的话加以采用,实在是一种迷惑啊"。

桓赫说:"雕刻的原则是:刻鼻子时不如先雕刻得大些,刻眼睛时不如先雕刻得小些。因为鼻子刻得大了，可以修改小些，刻小了就不能再改大了；眼睛雕刻小了，可以改大，如果眼睛雕刻大了，就不能改小了。"办事情也是同样的道理。一件事做了以后还能再补救，这样做事就很少失败的了。

商纣王的宠臣崇侯、近臣恶来知道不顺从商纣王会被诛杀，却没预料到周武王会灭掉商纣王。商纣王的叔父比干、吴王夫差的谋臣伍子胥知道他们的国君一定会灭亡，却不知道自己会被杀死。所以说："崇侯、恶来只知道君王心中的意愿，却不知道国家兴亡的大事；比干、子胥只知道国家兴亡的大事，却不知道君王心中的意愿。"圣人应该同时具备这两种能力。

宋国的太宰地位尊贵，处事专断。季子将要去拜见宋国国君，梁子听到了这件事就对季子说："你跟宋君说的话必须是君王、太宰和你自己三人在场时都能说的话，要不然将避免不了遭殃。"季子因此就对宋君说一些注重养生而少操劳国事之类的话。

杨朱之弟杨布衣素衣而出。天雨，解素衣，衣缁衣而反，其狗不知而吠。杨布怒，将击之。杨朱曰："子毋击也，子亦犹是。曩①者使女狗白而往，黑而来，子岂能毋怪哉？"

惠子曰："羿②执决持扞，操弓关机，越人争为持的。弱子扞弓，慈母入室闭户。"故曰："可必，则越人不疑羿；不可必，则慈母逃弱子。"

桓公问管仲："富有涯乎？"答曰："水之以涯，其无水者也；富之以涯，其富已足者也。人不能自止于足，而亡其富之涯乎？"

宋之富贾有监止子者，与人争买百金之璞玉，因佯失而毁之，负其百金，而理其毁瑕，得千镒焉。事有举之而有败，而贤其毋举之者，负之时也。

有欲以御见荆王者，众驺③妒之。因曰："臣能撽鹿。"见王。王为御，不及鹿；自御，及之。王善其御也，乃言众驺妒之。

荆令公子将伐陈。丈人送之曰："晋强，不可不慎也。"公子曰："丈人奚忧？吾为丈人破晋。"丈人曰："可。吾方庐陈南门之外。"公子曰："是何也？"曰："我笑勾践也④。为人之如是其易也，已独何为密密十年难乎？"

【注释】
①曩：以往，从前。②羿：古代传说中的部落首领，以善于射箭而著称。③驺：骑士。④勾践：春秋时越国君王，公元前494年败于吴国，经过许多年的忍辱负重，发愤图强，终于在公元前473年一举灭掉吴国。

韩非子

译文

杨朱的弟弟杨布穿着白衣服出去。天忽然下雨了,他脱掉白衣服,穿着黑色衣服回家,他的狗认不出他便向他吠叫。杨布非常生气,想要打它,杨朱说:"你不要打他,你也会有这样的时候。以前你放白色的狗出去,白狗变黑狗回来,你难道不觉得奇怪吗?"

惠施说:"后羿右手拿着拉弦用的决,左臂戴上射箭的袖套,拿起弓来牵动弓箭的扳机,就连关系疏远的越国人都争着为他拿箭靶。小孩子拉开弓要射箭的话,慈母都要吓得躲进房屋关上门。"所以说:"一定能射中箭靶,那么疏远的越国人也不会怀疑后羿的箭法;如果不一定会射中箭靶,那么慈母都会避开拉弓的小孩子。"

齐桓公问管仲说:"富裕有边际吗?"管仲回答说:"水有边际的地方,就是没有水的地方;富到边际,就是富裕到了满足的地步。人若不能在满足时就收敛,那就没有富裕的边际吧!"

宋国有个富商叫作监止子,他与别人争买价值百金的一块未雕饰的玉石,于是假装失手把璞玉跌坏,赔给卖主百金后。后来他修补好璞玉的瑕疵,卖了这块玉石而得千金。事情做了之后有失败的,而世人认为还是不做的好,那只是看到赔钱的一面,并没有看到赚钱的一面。

有一个想凭自己驾车的本领求见楚王的人,很多马夫嫉妒他。车夫说:"我能驾车追击跑得非常快的鹿。"他因而得以见了楚王。楚王驾车,赶不上鹿;车夫自己驾车,赶上了鹿。楚王称赞他驾车的本领,车夫这时才说起很多马夫嫉妒他的事。

楚王命令公孙朝去攻打陈国。有个老人送他说:"晋国很强大,必定会援救陈国,不能不谨慎行事。"公子说:"您老人家担忧什么呢?我一定会攻破晋国。"老人说:"可以。我正要在陈国都城的南门外搭一座小房子。"公子说:"这是什么意思?"老人说:"我是取笑越王勾践呀。做人是如此的容易,他自己为什么偏偏要勤勤恳恳坚持受十年的磨难呢?"

尧以天下让许由①,许由逃之,舍于家人,家人藏其皮冠。夫弃天下而家人藏其皮冠,是不知许由者也。

三虱相与讼。一虱过之,曰:"讼者奚说?"三虱曰:"争肥饶之地。"一虱曰:"若亦不患腊之至而茅燥耳②,若又奚患?"乃相与聚嘬其身而食之。彘臞,人乃弗杀。

【注释】
① 尧:古代传说中有名的圣贤君王。许由:古代传说中的隐士,相

传尧把君位让给他,他逃到箕山下,农耕而食。② 腊:腊日,古代夏历十月举行的祭祀节日,祭祀中将杀猪祭神。③ 垩:一种白色的土,用于粉刷墙壁。④ 公子纠:春秋时齐桓公的兄长,当时居鲁国,在与齐桓公争夺王位中失败,齐桓公命鲁人杀死了他。

虫有虺者,一身两口,争食相龁,遂相杀,因自杀。人臣之争事而亡其国者,皆虺类也。

宫有垩③,器有涤,则洁矣。行身亦然,无涤垩之地则寡非矣。

公子纠将为乱④,桓公使使者视之。使者报曰:"笑不乐,视不见,必为乱。"乃使鲁人杀之。

公孙弘断发而为越王骑,公孙喜使人绝之曰:"吾不与子为昆弟矣。"公孙弘曰:"我断发,子断颈而为人用兵,我将谓子何?"周南之战,公孙喜死焉。

有与悍者邻,欲卖宅而避之。人曰:"是其贯将满矣,子姑待之。"答曰:"吾恐其以我满贯也。"遂去之。故曰:"物之几者,非所靡也。"

尧把天下让给许由来统治,许由不愿意接受,便逃跑了,住在一户百姓家。这户人家为了防备许由而将自家的皮帽收了起来。许由抛弃天下不要,而这百姓为防备许由而把皮帽子藏起来,这是不了解许由的缘故啊。

有一天,三只虱子在猪身上吸血,相互争吵起来。另一只虱子经过那里,说:"你们在争吵什么?"三只虱子说:"我们在争夺猪身上最肥的地方。"这只虱子说:"你们不担忧腊祭到来要杀猪并会用茅草烧焦你们,你们又担忧什么事呢?"这些虱子于是停止争吵,聚集在一起吮吸猪身上的血。猪日渐消瘦,腊祭那天,人们也就没杀这只猪。

有一种叫虺的蛇,一条身躯上有两张嘴,为争抢吃食物而互相撕咬。后来因互相撕咬,把自己咬死了。臣子之间互相争夺权势而使国家灭亡的,都像争食自杀的虺一样。

宫室涂上白粉,器皿用水洗涤,就洁净了。人立身处事也是这样,如果到了不需要洗涤、涂白的境地,过错就少了。

齐桓公的哥哥公子纠想要作乱,齐桓公派使者前往察看他的动静。使者回来报告说:"公子纠虽然在笑,却没有欢乐的神情;虽然眼睛看东西,却像看不见一样,一定是要作乱。"于是齐桓公就让鲁国人把他杀了。

公孙弘剪短头发当了越王的骑士,公孙喜派人送信与他断绝关系,说:"我不与你做兄弟了。"公孙弘说:"我不过是剪短了头发,你却冒着生命危险替别人带兵打仗,我将说你什么好呢?

后来在周南的战役中,公孙喜果然被杀死。

有个人同一个凶暴的人做邻居,便想要卖掉房子而躲避他。有人就对这人说:"他恶贯满盈终会自食其果,你暂且等待一些时候。"这个人回答说:"我就是怕他害了我,才恶贯满盈。"于是就离开了凶暴的邻居。所以说:"事物到危险的关头,就不能再拖延了。"

越已胜吴,又索卒于荆而攻晋。左史倚相谓荆王曰[1]:"夫越破吴,豪士死,锐卒尽,大甲伤。今又索卒以攻晋,示我不病也。不如起师与分吴。"荆王曰:"善。"因起师而从越。越王怒,将击之,大夫种曰[2]:"不可。吾豪士尽,大甲伤。我与战,必不克,不如赂之。"乃割露出之阴五百里以赂之。

荆伐陈,吴救之,军间三十里。雨十日,夜星。左史倚相谓子期曰[3]:"雨十日,甲辑而兵聚。吴人必至,不如备之。"乃为陈。陈未成也而吴人至,见荆陈而反。左史曰:"吴反复六十里,其君子必休,小人必食。我行三十里击之,必可败也。"乃从之,遂破吴军。

韩、赵相与为难。韩子索兵于魏,曰:"愿借师以伐赵。"魏文侯[4]曰:"寡人与赵兄弟,不可以从。"赵又索兵以攻韩。文侯曰:"寡人与韩兄弟,不敢从。"二国不得兵,怒而反。已乃知文侯以构于己,乃皆朝魏。

【注释】
①左史:楚国史官。倚相:人名。②种:文种。越国大夫,曾帮助越王称霸。③子期:楚国司马。④魏文侯:战国时魏国君王。

越国在战胜吴国以后,又向楚国借兵去攻打晋国。左史倚相对楚王说:"越国打败吴国后,豪勇的人战死沙场,精锐的部队死伤殆尽,铠甲等装备受到损伤。现在又借兵攻打晋国,是向我们显示他们还有力量。不如起兵和越国瓜分吴国。"楚王说:"说得好。"于是起兵跟在越军之后。越王愤怒了,打算攻击楚国的军队。大夫文种说:"不可以。我们豪杰之士都死光了,铠甲装备受损伤。我们和他们打仗,一定不能战胜他们,不如送东西给他们。"于是就割让露山北边五百里的地方送给楚国。

楚国攻打陈国,吴国前来救援陈国,吴军与楚军两军相距三十里。连续下了十天雨,这天夜晚天晴了。左史倚相对子期说:"连下了十天雨,铠甲和武器聚集在一起。吴国人一定会来攻击我们,不如早点防备他们。"于是摆开了阵势。阵势还没摆成,吴国人就攻来了,他们看到楚国已摆开阵势就回去了。左

史说:"吴国来回要走六十里,他们当官的一定在休息,士兵一定在吃饭。我们行军三十里去攻击他们,一定可以打败吴军。"子期按照他的话办,于是打败了吴军。

韩国、赵国相互为敌。韩国国君向魏国借兵,说:"希望能借贵国军队帮我们攻打赵国。"魏文侯说:"我和赵国是兄弟之国,不能顺从您的要求。"赵国也向魏国借兵来攻打韩国。魏文侯说:"我和韩国是兄弟之国,不能顺从您的要求。"两国都没借到军队,愤怒地回国去了。事后才明白魏文侯是用这种方法使双方和解,于是都去朝见魏王。

荆王弟在秦,秦不出也。中射之士曰[①]:"资臣百金,臣能出之。"因载百金之晋,见叔向,曰:"荆王弟在秦,秦不出也。请以百金委叔向。"叔向受金,而以见之晋平公曰:"可以城壶丘矣。"平公曰:"何也?"对曰:"荆王弟在秦,秦不出也,是秦恶荆也,必不敢禁我城壶丘。若禁之,我曰:'为我出荆王之弟,吾不城也。'彼如出之,可以得("得"越用贤本作"德")荆;彼不出,是卒恶也,必不敢禁我城壶丘矣。"公曰:"善。"乃城壶丘,谓秦公曰:"为我出荆王之弟,吾不城也。"秦因出之。荆王大说,以炼金百镒遗晋。

阖庐攻郢[②],战三胜,问子胥曰[③]:"可以退乎?"子胥对曰:"溺人者一饮而止,则无遂者,以其不休也,不如乘之以沉之。"

郑人有一子,将宦,谓其家曰:"必筑坏墙,是不善,人将窃。"其巷人亦云。不时筑,而人果窃之。以其子为智,以巷人告者为盗。

【注释】

①中射之士:宫中的侍卫。②阖庐:春秋时吴国君王。公元前514—496年在位。③子胥:伍子胥。春秋时楚国人,后因受谗害而逃奔吴国,成为阖庐大臣。

译文

楚王的弟弟在秦国,秦国不放他回国。宫中的侍卫说:"给我百金,我能让秦国把他放出来。"因此带了百金到晋国,拜见了叔向,说:"楚王的弟弟在秦国,秦国不放他回国。让允许我拿白金黄金把这事委托给您办。"叔向收下了百金,引侍卫去见晋平公说:"可以在壶丘修筑城堡了。"晋平公说:"为什么呢?"叔向回答说:"楚王的弟弟在秦国,秦国不放他回国,这说明秦国对楚国有怨恨,一定不敢禁止我们在壶丘筑城。如果他们要禁止,我们就说:'如果你们把楚王的弟弟放回去,我们就不筑城。'如果秦国放了楚王的弟弟,我们对楚王就有恩惠;如果秦国不放,说明秦国对楚国始终还是有怨恨,一定不敢禁止壶丘筑城。"晋平公说:"好。"于是就在壶丘筑城,并且对秦景公说:"把楚王的弟弟放出来,我们就不修城。"秦国只好把楚王的弟弟放回楚国。楚王很高兴,把一百镒纯金送给晋平公。

吴国君王阖庐攻打楚国的都城郢,多次取胜,阖庐问伍子胥说:"可以撤退了吧?"伍子胥回答说:"要淹死别人只让他喝一口水就罢手,是淹不死他的,因为中途停下来了,不如趁着那个人快淹死的时候把他沉入水底。"

有个郑国人的儿子将要做官了,告诉家里人说:"一定要把坏的墙修好,如果不修好,会有人来偷东西。"他的邻居也这样说。由于没及时把墙修好,果然有人来偷东西。这个郑人认为自己的儿子很聪明,却认为他的邻居是盗贼。

观　行

古之人目短于自见,故以镜观面;智短于自知,故以道正己。故镜无见疵之罪,道无明过之怨。目失镜,则无以正须眉;身失道,则无以知迷惑。西门豹之性急,故佩韦以缓己;董安于之心缓,故佩弦以自急。故以有余补不足,以长续短之谓明主。

古代的人因为眼睛看不到自己的面孔,所以用镜子来观察面容;因为智慧缺少自知的能力,所以用社会法则来端正自己。所以镜子没有显现瑕疵的罪过,法则没有招来显露过失的怨恨。眼睛失去镜子,就没有整饬眉毛和胡须的方法;人离开法则,就没有办法来明辨是非。西门豹的性子急躁,所以佩带柔软的熟皮带,以便提醒自己从容沉着;董安于的性情慢,所以他佩带绷紧的弓弦,以便提醒自己应该明快敏捷。所以能够以有余来补不足,以长来补短,这样才能称作明君。

天下有信数[①]三:一曰智有所不能立,二曰力有所不能举,三曰强有所不能胜。故虽有尧之智而无众人之助,大功不立;有乌获之劲而不得人助,不能自举;有贲、育之强,而

【注释】

① 信数:必然

无法术，不得长胜。故势有不可得，事有不可成。故乌获轻千钧而重其身，非其身重于千钧也，势不便也。离朱易百步而难眉睫，非百步近而眉睫远也，道不可也。故明主不穷乌获以其不能自举；不困离朱以其不能自见。因可势，求易道，故用力寡而功名立。时有满虚，事有利害，物有生死，人主为三者发喜怒之色，则金石之士离心焉。圣贤之朴深矣。故明主观人，不使人观己。明于尧不能独成，乌获不能自举，贲、育之不能自胜，以法术则观行②之道毕矣。

译文

天下有三种必然的道理：一是智慧虽高，也有办不成的事，二是力气虽大，也有举不起的东西，三是力量虽强，也有战胜不了的对手。所以即使有尧的智慧，如果没有大家的帮助，也不能建立大功；有乌获那样大的力气，如果没有别人的帮助，也不能自己举起自己；有孟贲、夏育的勇猛而没有法术指导，也不能永远取胜。所以客观条件总有不能得到的时候，事情总有办不成功的时候。乌获认为千钧的东西轻，自己的身体重，并不是他的身体比千钧还重，而是客观条件不够。离朱能轻易看到百步以外的毫发尖端而难以看清自己的眉睫，不是因为百步近而眉睫远，而是条件不允许。所以英明的君主不因为马获不能自举而为难他；不因为看不清自己的眉睫而使离朱一类的人难堪。顺应可能成功的形势，寻求容易成功的法则，就会用很少力而成就功名。时运有盛有衰，事情有好有坏，万物有生有死，如果君主因为这三种客观情况而流露出喜怒的脸色，那么忠贞之士会离心离德。圣贤的法术是很深邃的。所以英明的君主"观行"的原则是考察臣下，而不是让人观察自己。明白了尧不能独自立下大功，乌获不能举起自身，孟贲、夏育不能离开法术而自己取胜的道理，用法术考察臣下，那么观行之道就具备了。

用 人

【注释】
①闻：听说。② 的道理。②观行：考察人的行为。

闻①古之善用人者，必循天顺人而明赏罚。循天，则用

韩非子

力寡而功立；顺人，则刑罚省而令行；明赏罚，则伯夷②、盗跖③不乱。如此，则白黑分矣。治国之臣，效功于国以履位，见能于官以受职，尽力于权衡以任事。人臣皆宜其能，胜其官，轻其任，而莫怀余力于心，莫负兼官之责于君。故内无伏怨之乱，外无马服④之患。明君使事不相干，故莫讼；使士不兼官，故技长；使人不同功，故莫争。争讼止，技长立，则强弱不觳⑤力，冰炭不合形。天下莫得相伤，治之至也。

伯夷：商末孤竹君的长子，不愿继承王位而去了周国，周武王攻打商，伯夷不吃周国的粮食而死。本文引用伯夷是指叛国出逃的人。③盗跖：即柳下跖，春秋战国时的起义领袖，"盗跖"为蔑称。④马服：指赵

听说古代善于用人的人，一定遵循客观规律，顺应民心并且赏罚分明。遵循法度，那么不费很大的力就能办好事情；顺应民心，那么减免刑罚却能使禁令通行；奖罚分明，就不会有伯

奢的独生子赵括，纸上谈兵，导致长平之败。⑤毂：同"角"，较量，角斗。

夷、盗跖的叛乱。如果是这样的话，是非黑白就清楚了。管理国家事务的大臣，对国家应效力，履行自己的职责，看见有才能的官，就授予他权力和职位，尽力周全地处理事务。臣子们都发挥自己的才能，胜任自己的官位，轻松地处理事务，而没有谁在内心保留一点能力，没有谁对国君有兼任官职的职责。这样，在国内不会有隐藏怨恨的动乱，对外不会有像赵括那样的祸患。圣明的君主使每一件事情分开，不互相干涉，因此不会有是非争论；使士兵不当官，因而他们的技艺增长；使百姓发挥不同的作用，因而不会有争斗。争斗辩论没有了，技艺长处发挥了，那么强弱不去比较角斗，冰和炭不放在一起。这样，天下的国家都不能侵犯，这是治理国家的最高境界了。

释法术而任心治，尧不能正一国；去规矩而妄意度，奚仲①不能成一轮；废尺寸而差②短长，王尔不能半中③。使中主守法术，拙匠守规矩尺寸，则万不失矣。君人者，能去贤巧之所不能，守中拙之所万不失，则人力尽而功名立。

【注释】①奚仲：传说中车的创造者。②差：区别。③中：符合。

译文

如果忽略了法度的办法而用仁义之心去治理国家，像尧一样的贤君也不能治理好一个诸侯国；摒弃原则和尺子而任意凭主观去测量，奚仲这类能工巧匠也不能完成车的一个轮子；不顾尺寸长短的差别，王尔就连一半合格产品也不能制成。假使符合规矩、遵守法度，笨拙的工匠拿着圆规、直尺，按照尺寸长短，那么制作东西的时候也就不会有偏差了。一国之君能够抛弃贤能的人和能工巧匠也不能成功的无法术、无规矩尺度的主观行事方法，实行中等才能的工匠所用万无一失的方法，百姓会尽自己的努力，而君主自己也会功成名就。

闻之曰："举事无患者，尧不得也。"而世未尝无事也。君人者不轻爵禄，不易①富贵，不可与救危国。故明主厉②廉耻，招仁义。昔者介子推③无爵禄而义随文公，不忍口腹而仁割其肌，故人主结其德，书图著其名。人主乐乎使人以公尽力，而苦乎以私夺威；人臣安乎以能受职，而苦乎以一负二。故明主除人臣之所苦，而立人主之所乐。上下之利，莫长于此。不察私门之内，轻虑重事；厚诛薄罪，久怨细过，长悔愉快；数以德追④祸，是断手而续以玉也；故世有易身之患。

【注释】①易：简单，轻慢。②厉：通"励"，劝勉。③介子推：晋文公的臣子，以忠心著称。④追：补偿。

韩 非 子

我听说过这样的议论:"处理所有事情都没有后患的,尧也做不到。"然而,世上从来没有太平无事的时候。君王如果不看轻官位俸禄,不轻慢财富权贵,是不能拯救国家危难的。所以圣明的君主应劝勉廉耻之心,鼓励仁义之心。以前,介子推没有官位俸禄,只凭借义气跟随晋文公逃亡,文公饿了,介子推仁义地割自己身上的肉给文王吃,所以,文公因他的品德高尚跟他结交,晋书上也写上他的名字。君王高兴的事是百姓乐意为国尽力,而担心他们因私利抢夺了自己的威严;臣子们安心的是因才干而得到官职,担心的是自己一个人背负两个人的责任。所以圣明的君王应为臣子们排除他们所担忧的事,帮助他们实现高兴的事情。君臣上下的利益,没有比这些更长远的了。不明察臣子的私下活动,不经深思熟虑决定大事,过重地诛罚有轻罪的人,长期轻慢臣下,苟且取得一时的欢乐,多次用恩惠来弥补自己给臣下造成的灾祸,这如同砍断别人手臂又用美玉给接上一样。所以世间存有君位被臣下取代的忧患。

人主立难为而罪不及,则私怨生;人臣失所长而奉难给,则伏怨结。劳苦不抚循,忧悲不哀怜;喜则誉小人,贤、不肖俱赏;怒则毁君子,使伯夷与盗跖俱辱。故臣有叛主。

君王制定难以达到的奖赏标准,并惩罚做不到的人,那么私心怨气就会产生,臣子不发挥长处,俸禄难以得到,那心里的埋怨也产生了。劳累辛苦得不到抚恤安慰,忧伤悲痛得不到同情怜悯;高兴的时候连小人都得到赞誉,贤才和无能之辈都得到奖赏;发怒的时候辱骂有修养的君子,使他像伯夷、盗跖那样遭到侮辱。这样的话,臣子中会有叛变君主的人。

使燕王内憎其民而外爱鲁人,则燕不用而鲁不附。民见憎,不能尽力而务功;鲁见说①,而不能离死命而亲他主。如此,则人臣为隙穴②,而人主独立。以隙穴之臣而事独立之主,此之谓危殆。

【注释】
①说:通"悦",高兴、喜欢。②隙穴:隐患。

假使燕王对内憎恨他的子民,而对外却喜爱鲁国百姓,那么燕国百姓就不会听命,而鲁国人也不会去依附(燕王)。百姓看见君主憎恨他们,就不会努力去工作;鲁国人被他国君主喜

爱，却不会背离本国命运去亲近别的君主。这样，当臣子的有隐患，做君王的就会孤立。使用有隐患的臣子去侍奉孤立的君王，这就叫作危险。

释仪的①而妄发，虽中小不巧；释法制而妄怒，虽杀戮而奸人不恐。罪生甲，祸归乙，伏怨乃结。故至治之国，有赏罚而无喜怒，故圣人极有刑法而死无螫②毒，故奸人服；发矢中的，赏罚当符，故尧复生，羿复立。如此，则上无殷、夏之患，下无比干③之祸，君高枕而臣乐业，道蔽天地，德极万世矣。

【注释】
①仪的：箭靶子。②螫：愤怒。③比干：商代贵族，商纣王的叔父，因多次劝谏纣王而被剖心。

译文

不对准靶子而胡乱放箭，即使射中了，也是巧合；不依循法律制度而胡乱发脾气，即使是被杀，坏人也不会害怕。由甲犯的罪，却由乙来承担处罚，人们内心的怨恨就结下了。所以治理得最好的国家，有赏罚分明的制度，而不依从个人喜好、愤怒。所以圣人都推崇刑律法度，因此被处死的人死前不会受到毒害，所以坏人是服从法律的。发射箭矢能射中箭靶子，奖赏、惩罚得当，就跟尧复活、羿重生一样。这样，国家没有殷纣、夏桀的灾祸，臣民中没有比干那样的祸患，君王可以高枕无忧，臣民可以安居乐业，治国之道能遍施天下，德行流布后代万世。

夫人主不塞隙穴而劳力于涂塈①，暴雨疾风必坏。不去眉睫之祸而慕贲、育②之死，不谨萧墙③之患而固金城于远境，不用近贤之谋而外结万乘之交于千里，飘风④一旦起，则贲、育不及救，而外交不及至，祸莫大于此。当今之世，为人主忠计者，必无使燕王说鲁人，无使近世慕贤于古，无思越人以救中国溺者。如此，则上下亲，内功立，外名成。

【注释】
①涂塈：指涂料，意为粉饰。②贲、育：战国时勇士孟贲、夏育，后泛指勇士。③萧墙：门屏。④飘风：政治风云。

译文

屋子有缝隙，主人不去修补，却用涂塈去涂刷，屋子遇到暴雨大风，一定会被损坏。不处理迫在眉睫的灾祸，却想像孟贲、夏育那英勇而死；不谨慎地对待门屏的问题，却在远远的边境上修固城墙；不采用附近贤人的谋略，却结交千里之外的大国，一旦政治风云突变，即使是孟贲、夏育那样的勇士也来不及救护了，而外国的同盟也不能及时赶来支援，灾祸就不会有比这更严重的了。现今世界，对自己的国君忠心献计的人，一定不能像燕王取悦鲁国人那样,不应让现在的人去仰慕古代的贤能之士,不要考虑用越国的善游者去救助中原的溺水者。这样,君臣上下关系密切,对内可建立功业,对外可以名扬天下。

外储说左上

经 一

明主之道,如有若之应密子也。明主(陶鸿庆曰"明主"当作"人主")之听言也,美其辨;其观行也,贤其远。故群臣士民之道言者,迂弘;其行身也,离世。其说在田鸠对荆王也。故墨子为木鸢,讴癸筑武宫。夫药酒用(陶鸿庆曰"用"乃"中"字之误,'中'、'忠'古通用)言,明君圣主之以独知也。

经 二

人主之听言也,不以功用为的,则说者多棘刺、白马之说;不以仪的为关,则射者皆如羿也。人主于说也,皆如燕王学道也;而长说者,皆如郑人争年也。是以言有纤察微难而非务也,故李、惠、宋、墨(顾广圻曰"李"当作"季",季梁也)皆画策也①;论有迂深闳大,非用也,故畏(顾广圻曰"畏"或当作"魏",魏犨也)、震(陈奇猷曰"震"疑"长"形近误。长,长卢子)、瞻、车(顾广圻曰或当作"陈",陈骈也)、状(陈奇猷曰"状"当为"庄",即庄周)皆鬼魅也②;言而拂难坚确,非功也,故务、卞、鲍、介、墨翟(王先慎曰"墨翟"即"田仲"之讹)皆坚瓠也③。且虞庆诎匠也而屋坏,范且穷工而弓折。是故求其诚者,非归饷也不可。

【注释】

①李:当作"季",即季良。惠:惠施。宋:宋钘。墨:墨翟。这四人都是战国时著名的理论家。②畏:当作"魏",即魏牟。震:即"长",长卢子。瞻:通"詹",詹何。车:应作"陈",陈骈。这四人也是战国著名的理论家。③务:务光。卞:卞随。鲍:鲍焦。介:介之推。这四人都是有名的高洁之士。一说"墨翟"二字是衍文。

译文

经 一

贤明君王的治国之道,就像有若回答宓子所说的那样,治国

要有术。可是,现在的君主却不这样。在听人说话的时候,只赞赏说话人的口才;在观察一个人行为的时候,却以迂阔不切实际为贤能。所以群臣、文士和老百姓谈古论今,也崇尚夸夸其谈,他们为人处世,也崇尚不切实际。上述论点的说明表现在田鸠对楚王的回答。同时还有墨子制造木鹰巧而无用,歌手癸用歌声鼓舞修筑武宫的故事,它们把这个道理说得更透彻。因此,忠言往往像药酒一样难喝,只有明君圣主才知道良药苦口利于病的道理。

经 二

君主听取言论,如果不以实际功用为目的,那么听到的就大多是些"在棘刺尖上刻猴子"、"白马不是马"那样的话;如果不把箭靶当作目标,那么射箭的人就都成为像后羿一样的神箭手了。君主对于臣下的进说,都像燕王学习不死之术那样被欺骗;而擅长辩说的人,都像郑国人争辩年龄的大小那样无聊。因此言论中固然有细微精妙的思辨,常人难以做到,可是这并非当务之急。所以季良、惠施、宋钘、墨翟这些人的学说,都像画出来的竹简一样没有用处;有些言论听起来固然曲折、深远宏大但没有用处,所以魏牟、慎到、瞻何、陈骈、庄周这些人的学说,都像画上的鬼怪一样无用;行为有违反常理,一般人难以做到,表现得十分固执,却没有功效,所以像务光、卞随、鲍焦、介子推、田仲的行为,都和实心葫芦一样没有用处。况且虞庆驳倒了工匠,匠人依照他的话建的房屋却倒塌了;范雎难倒工匠,但依照他的意思做出来的弓却折断了。所以实事求是的人,懂得小孩游戏用泥土当饭玩,晚上肚子饿了还是只好回家吃饭。

经 三

挟夫相为则责望,自为则事行。故父子或怨譟(顾广圻曰"澡"当依说作"譙"),取庸作者进美羹。说在文公之先宣言与勾践之称如皇也。故桓公藏蔡怒而攻楚,吴起怀瘳实而吮伤①。且先王之赋颂,钟鼎之铭,皆播吾之迹、华山之博也。然先王所期者利也,所用者力也。筑社之谚,目(陈奇猷曰"目"疑为古文"以"之讹)辞说也。请许学者而行宛曼于先王,或者不宜今乎?如是,不能更也。郑县人得车厄也,卫人佐弋也,卜子妻象弊裤也,而其少者(王先谦曰"者"下夺"侍长者饮"四字)也。先王之言,有其所为小而世意之大者,有其所为大而世意之小者,未可必知也。说在宋人之解书,与梁人之读记也。故先王有郢书,而后

【注释】

①瘳:痊愈。②锤:即"垂",与"半"近义。

世多燕说。夫不适国事而谋先王,皆归取度者也。

经 四

利之所在民归之,名之所彰士死之。是以功外于法而赏加焉,则上不信得所利于下;名外于法而誉加焉,则士劝名而下("下"赵用贤本作"不")畜之于君。故中章、胥己仕,而中牟之民弃田圃而随文学者邑之半;平公腓痛足痹而不敢坏坐,晋国之辞仕托者国之锤②。此三士者,言袭法则官府之籍也,行中事则如令之民也,二君之礼太甚;若言离法而行远功,则绳外民也,二君又何礼之?礼之当亡。且居学之士,国无事不用力,有难不被甲。礼之,则惰修耕战之功;不礼,则周(卢文昭曰"周"当是"害"之讹)主上之法。国安则尊显,危则为屈公之威,人主奚得于居学之士哉?故明王论李疵视中山也。

经 三

怀着依靠别人的想法办事就会责怪、埋怨;抱着靠自己办事的态度,那么事情就能办成。因此父子之间有的也会互相埋怨、责备,而为了争取让雇工多做事而供给他们丰美的饭食。这个道理具体的说明体现在:文公攻打宋国,共宣布宋国的罪状,与勾践攻打吴国前先宣布吴王修筑如皇台罪状。所以齐桓公隐藏对蔡国的愤怒,以替天子伐楚为借口;吴起怀着使士兵伤好后拼命作战的实际想法,替他们吮吸伤口上的脓血。况且颂扬先王功德的赋文,铸造在钟鼎上的铭文,都是和赵主父在播吾山刻的脚印、秦昭王在华山制作的大棋盘一样的虚假。由此看来,先王期求的是利益,使用的是力气。晋文公引用修筑土地神坛的谚语,是用以自我辩解而争取他人出力的言辞。相信学究们在先王面前推行渺茫广远之说,恐怕不适用于今天吧?虽然这样,仍然不能改变它。这就像郑县人得到车轭以为是别人骗他,卫国人管射鸟的小官射不到鸟,卜子的妻子依照旧裤子弄破新裤子,以及年轻人模仿年长的人喝酒一样。先王的言论,有只是用来办小事而世人认为是大道理的,有用来办大事而世人认为意义很小的,都未必真懂。这个道理具体的说明体现在宋国人误解书中的意思和魏国人读古书变呆的故事中。因此先王有像郢都人不经意把话写进信里那样,后人多像燕国的相国那样牵强附会解释的。那些不根据国家的实际,却谋求先王之道的人,都像买鞋子不相信自己的脚,还要回家去取尺码的郑人一样。

经 四

能得利的地方,百姓都归向那里;能扬名的事情,士人都拼死去争取。因此对不合法度的功劳却给予赏赐,那么君主就不能从臣下那里得利;对不合法度的名声却加以称赞,士人就会相互勉励去追求名声而不顺从君主。因此中章、胥己做了官,中牟县的百姓抛弃田地追随学习文学典籍的人就占了全县的一半;晋平公接待叔向,尽管腿痛、脚麻却不敢改变端坐的姿势,晋国辞去官职不再依托贵族而效法叔向的人就占了全国的一半。这三个士人:中章、胥己、叔向,要说他们说话所依照的法度,不过是符合国家的法典;说他们行为符合事理,他们也不过是同遵守法令的百姓一样。这二位君王对他们的礼遇太过分了。如果这三位读书人的言论背离了法典,而行为脱离实际功效,那么他们就是不守法律的人,两位国君又凭什么要礼遇他们呢?礼遇这种人,国家一定会灭亡。而且,那些隐居的从事文学的人,国家太平时,他们不出力做事;国家发生战乱时,他们又不披甲参战。礼遇他们,人们就不再努力耕种和打仗了;如果不礼遇他们,他们就会危害君主的法度。这些读书人,国家安定时,他们的地位就尊贵显赫;国家危乱时,他们就像郑县屈公那样吓得昏死过去。君主从这些不任官职而从事文学的人那里究竟能得到什么呢?所以贤明的君主肯定李疵对中山国的看法。

经 五

《诗》曰:"不躬不亲,庶民不信。"傅说之以"无衣紫",缓之以郑简、宋襄,责之以尊厚耕战。夫不明分,不责诚,而以躬亲位下,且为下走睡卧,与去("去"赵用贤本作"夫")掩弊微服。孔丘不知,故称犹盂;哎君不知,故先自谬。明主之道,如叔向赋猎与昭侯之奚听也。

经 五

《诗经》说:"君王不以身作则,百姓就不会相信。"齐王的师

父用"君主不穿紫衣服"来说明这句诗,可是郑简公任用贤臣而国家安定,宋襄公亲临战场却兵败身亡,可以引之为得失的先例。君王只需要臣子尊重从事耕战的人,就会国富兵强。因此,如果君臣的职责不明确,不用务实要求臣子,却偏要亲临臣子的事务,就会犯齐景公"下车奔走"的错误,就会像魏昭王读简昏睡,以及"掩弊"、"微服"一样的错误。孔子不明白这个道理,所以他说:"君王像盆盂,百姓像水";邹国的国君不明白这个道理,所以他先自己侮辱自己。英明的君王的做法,就像叔向分配猎物一样严格照章办事,或者像韩昭侯那样按法办事,不徇私情。

经 六

【注释】
①须:等待。②和:军营的大门。两和:营门左右的卫队。

小信成则大信立,故明主积于信。赏罚不信则禁令不行,说在文公之攻原与箕郑救饿也。是以吴起须①故人而食,文侯会虞人而猎。故明主表信,如曾子杀彘也。患在厉王击警鼓,与李悝谩两和也②。

经 六

有了小信用才可以建立大信用,所以英明的君王靠守信用积累声望。赏罚不守信用,禁令就不能推行。上述论点的说明表现在晋文公攻打原城和箕郑靠信用拯救百姓饥荒的事例中。因此吴起一定要等到预约的老朋友来了才肯吃饭,魏文侯一定要按照与山林之官的预约才处理打猎的事。所以,英明的君王表明自己守信用,就要像曾子不欺哄小孩子而履行杀猪的诺言那样一丝不苟。不守信用的祸害表现在楚厉王随意击警鼓和李悝欺骗两翼的军队所造成的恶种。

说 一

【注释】
①鞇:马车车杠前端的一个小部件。

宓子贱治单父。有若见之曰:"子何臞也?"宓子曰:"君不知贱不肖,使治单父,官事急,心忧之,故臞也。"有若曰:"昔者舜鼓五弦、歌《南风》之诗而天下治。今以单父之细也,治之而忧,治天下将奈何乎?故有术而御之,身坐于庙堂之上,有处女子之色,无害于治;无术而御之,身虽瘁臞,犹未有益。"

楚王谓田鸠曰："墨子者，显学也。其身体则可，其言多而不辩，何也？"曰："昔秦伯嫁其女于晋公子，令晋为之饰装，从文衣之媵七十人。至晋，晋人爱其妾而贱公女。此可谓善嫁妾，而未可谓善嫁女也。楚人有卖其珠于郑者，为木兰之椟，薰以桂椒，缀以珠玉，饰以玫瑰，辑以羽（"羽"道藏本作"翡"）翠。郑人买其椟而还其珠。此可谓善卖椟矣，未可谓善鬻珠也。今世之谈也，皆道辩说文辞之言，人主览其文而忘有用。墨子之说，传先王之道，论圣人之言，以宣告人。若辩其辞，则恐人怀其文、忘其直，以文害用也。此与楚人鬻珠、秦伯嫁女同类，故其言多不辩。"

墨子为木鸢，三年而成，蜚一日而败。弟子曰："先生之巧，至能使木鸢飞。"墨子曰："吾不如为车輗者巧也①。用咫尺之木，不费一朝之事，而引三十石之任，致远力多，久于岁数。今我为鸢，三年成，蜚一日而败。"惠子闻之曰："墨子大巧，巧为輗，拙为鸢。"

宋王与齐仇也，筑武宫，讴癸倡，行者止观，筑者不倦。王闻，召而赐之。对曰："臣师射稽之讴，又贤于癸。"王召射稽使之讴，行者不止，筑者知倦。王曰："行者不止，筑者知倦，其讴不胜如癸美，何也？"对曰："王试度其功。"癸四板，射稽八板；擿其坚，癸五寸，射稽二寸。

夫良药苦于口，而智者劝而饮之，知其入而已己疾也。忠言拂于耳，而明主听之，知其可以致功也。

说 一

宓子贱在治理单父这个地方时，有一个叫有若的人见到他说："你为什么这样瘦啊？"宓子贱回答："君主不知道我没有才干，派我来治理单父，政务紧要，心里担忧，所以就消瘦了。"有若说："过去虞舜弹奏五弦琴，歌唱《南风》诗，天下就太平了。现在单父这样小，治理它还忧急，那治理天下怎么办呢？所以，有办法来治理的人，他本人坐在朝廷上，保养得像个少女那样的美色，也不妨碍治理；若没有治理的良方，本人即使再劳苦消瘦，

对国家也还是没有益处啊。"

楚王对田鸠说:"墨子,是一个声名显赫的学者。他身体力行还可以,但他的话多不善辩,为什么呢?"田鸠说:"过去秦王把他女儿嫁给晋公子,要晋国为她修饰服装,让七十个穿着华丽衣服的女子跟着陪嫁。到了晋国,晋国人喜爱陪嫁的妾却看不起秦王的女儿。这可说是善于嫁妾,却不能说是善于嫁女。楚国有一个到郑国卖宝珠的人,做了木兰匣子,用肉桂、花椒等香料薰过,用珠玉点缀起来,用玫瑰装饰好,用翡翠编聚起来。郑国人买了他的匣子而把宝珠退还给他。这可以说是善于卖匣子,却不能说是善于卖宝珠。现今世上的言论,都说一些漂亮的话,君主也只在乎文辞的华美,却忘记看它是否有用。墨子的言论,传达先王的道理,论述圣人的学说,并把它宣告于天下人。如果要修饰他的文辞巧辩,恐怕人们只记得他的漂亮话却忘记了它的实际价值,反而用华丽的文辞损害它的实际用途。这就和楚国人卖珠、秦王嫁女儿是同样的,所以他的话多不善辩。"

墨子制造木鹰,三年才完成,飞一天就坏了。他的弟子说:"先生的技巧,到了能使木鹰会飞的程度。"墨子说:"我的手艺不如制造车辊的人巧妙。他们只用细小的木头,不费一天的时间,就能牵引几千斤的重量,使车子跑远路,力量很大,又可以用好几年。现在我造木鹰,三年才完成,飞一天就坏了。"惠施听到这件事说:"墨子最懂得什么叫作巧,认为制造车辊是真正的技巧,而做木鹰却是笨拙的。"

宋王与齐国有怨仇,所以修筑练武宫。一个叫癸的歌手唱起歌来,路过的人都停下来观看,修筑武宫的人也不感到疲倦。宋王听说了,召见癸并赏赐他。癸说:"我的老师射稽唱得比我还好。"宋王把射稽召来并叫他唱歌,可是走路的人不停步,建筑武厅的人感到疲倦。宋王说:"走路的人不止步,做工的人感到疲劳,这样看来,射稽歌唱得不如癸好听,为什么?"癸说:"请君王检查各人的功效。"检查下来的情况:癸唱歌时做工的人筑了四板墙,射稽唱歌时,做工的人却筑了八板墙;测试墙的坚实程度,癸唱歌时筑的墙能戳进去五寸深,而射稽唱歌时筑的墙只能戳进二寸深。

良药往往是苦口的,而聪明的人鼓励自己喝下去,因为他知道喝下去了能把自己的病治好。忠恳的言语往往使听者不舒服,可是英明的君王却愿意听取,因为他知道这样才可以成就他的功业。

说 二

宋人有请为燕王以棘刺之端为母猴者①,必三月斋然后能观之。燕王因以三乘养之②。右御冶工言王曰:"臣闻人主无十日不燕之斋。今知王不能久斋以观无用之器也,故以三月为期。凡刻削者,以其所以削必小。今臣冶人也,无以为之削,此不然物也,王必察之。"王因囚而问之,果妄,乃杀之。冶又谓王曰:"计无度量,言谈之士多'棘刺'之说也。"

一曰:燕王好微巧,卫人请以棘刺之端为母猴。燕王说之,养之以五乘之奉。王曰:"吾试观客为棘刺之母猴。"客曰:"人主欲观之,必半岁不入宫,不饮酒食肉。雨霁日出,视之晏阴之间,而棘刺之母猴乃可见也。"燕王因养卫人,不能观其母猴。郑有台下之冶者谓燕王曰:"臣,削者

【注释】
①母猴:又叫沐猴,猴子的一种。②三乘:古代方圆六里为一乘。三乘养之:以方圆十八里作俸禄之地。

也。诸微物必以削削之,而所削必大于削。今棘刺之端不容削锋,难以治棘刺之端。王试观客之削,能与不能可知也。"王曰:"善。"谓卫人曰:"客为棘,削之?"曰:"以削。"王曰:"吾欲观见之。"客曰:"臣请之舍取之。"因逃。

兒说,宋人,善辩者也,持"白马非马也"服齐稷下之辩者。乘白马而过关,则顾白马之赋。故籍之虚辞,则能胜一国;考实按形,不能谩于一人。

夫新砥砺杀矢,毂弩而射,虽冥而妄发,其端未尝不中秋毫也,然而莫能复其处,不可谓善射,无常仪的也。设五寸之的,引十步之远,非羿、逢蒙不能必全者,有常仪的也。有度难而无度易也。有常仪的,则羿、逢蒙以五寸为巧;无常仪的,则以妄发而中秋毫为拙。故无度而应之,则辩士繁说;设度而持之,虽知者犹畏失也不敢妄言。今人主听说,不应之以度而说其辩;不度以功,誉其行而不入关。此人主所以长欺、而说者所以长养也。

说 二

有一个宋国人,请求为燕王在棘树刺尖上雕刻一个猕猴,然而提出一个条件:燕王必须斋戒三个月,之后才能观看他的作品。于是燕王便用方圆十八里地的收入作俸禄供养他。给燕王驾车的人是个铁匠,他对燕王说:"我听说君王没有连续斋戒十天而不举行宴会的,现在这个宋国人明知道大王不会斋戒这么长的时间来观看那无用的玩意儿,所以故意以三个月为期限。一般从事刻削工艺的人,雕刻的工具必须比雕刻的器物小。作为一个铁匠,我没有办法打出这样小的刻刀。看来这是不可能有的东西,君王必须明察它。"听了这话,燕王于是把这个宋国人拘禁起审问,果然是在说谎,就把他杀了。铁匠对燕王说:"从因无法度量而多虚假这个角度来推论,世上那些进说巧言,多数都是说些能在棘树刺尖上刻猴之类的把戏。"

另一种说法是:燕王喜欢小巧玲珑的东西,卫国有个人请用棘刺尖刻成一个猕猴。燕王为此感到很高兴,便用五乘土地的俸禄供养他。燕王说:"我想观看你用棘刺尖刻的猕猴。"那个人说:"君主想观看,定要半年不进内宫,不喝酒吃肉。在雨停日出、晴阴交错的时候,才能看见用棘刺尖刻的猕猴。"燕王于是供养卫国人,但不能看到他刻的猕猴。郑国台下这地方有一个铁匠对燕王说:"我是做刻刀的。各种微小的东西一定要用刻刀雕刻,雕刻的东西一定要比刻刀大。现在棘刺尖容纳不下刻刀的刀锋,所以很难用刻刀来雕刻棘刺尖。大王只要试着看看卫国人的刻刀,就可以知道他能不能刻出来了。"燕王说:"对。"就对卫国人说:"你刻棘刺尖,用什么刻它呢?"卫国人说:"用刻刀。"燕王说:"我想看看刻刀。"卫国人说:"请让我到住处取来。"于是就逃走了。

有一个宋国人,名字叫兒说,能言善辩。他凭"白马不是马"的观点说服了齐国稷下地方善辩的人。他乘坐白马过关口,却还是交纳了白马的税。因此,即使凭借虚浮的言辞,可以辩赢全国的人;但考察实际情况,却连一个关口守门的吏卒也瞒不过。

用新磨出来的利箭,张开弓弩射出去,即使闭着眼睛乱射,箭头没有不射中细微东西的,但是不能再射到原来的地方,这不能算是会射箭,因为没有固定的箭靶作目标。设置直径为五寸大的箭靶,射程只有十步远,不是后羿、逄蒙那样的神箭手,不一定能完全射中,是因为有固定的靶子。有标准就难办,没有标准就容易做。有固定的靶子,后羿、逄蒙认为射中五寸大的靶子是手艺高超;没有固定的靶子,就会认为乱射,虽射中微小的东西也是笨拙。因此没有标准来衡量言论,善辩的人就会长篇大论;设立了标准来衡量言论,即使是聪明的人也怕失言而不敢乱说。现今的君主听取言论,不用标准衡量,却喜欢他们的巧辩;不用实际功效去衡量,赞扬他们的行为却不依照标准。这便是君主长期被言谈者欺骗,而游说之人却长期被供养的缘故。

客有教燕王为不死之道者,王使人学之,所使学者未及学而客死。王大怒,诛之。王不知客之欺己,而诛学者之晚也。夫信不然之物而诛无罪之臣,不察之患也。且人所急无如其身,不能自使其无死,安能使王长生哉?

郑人有相与争年者。一人曰:"吾与尧同年。"其一人曰:"我与黄帝之兄同年。"讼此而不决,以后息者为胜耳。

客有为周君画策者,三年而成。君观之,与髹策者同状①。周君大怒。画策者曰:"筑十版之墙,凿八尺之牖,而以日始出时加之其上而观。"周君为之,望见其状尽成龙蛇禽兽车马,万物之状备具。周君大悦。此策之功非不微难

【注释】
① 髹:指红黑色的漆。

也,然其用与素飧策同。

客有为齐王画者,齐王问曰:"画,孰最难者?"曰:"犬马最难。""孰易者?"曰:"鬼魅最易。"夫犬马,人所知也,旦暮罄于前,不可类之,故难。鬼魅,无形者,不罄于前,故易之也。

齐有居士田仲者,宋人屈谷见之,曰:"谷闻先生之义,不恃仰人而食。今谷有巨瓠,坚如石,厚而无窍,献之。"仲曰:"夫瓠所贵者,谓其可以盛也。今厚而无窍,则不可剖以盛物;而任重如坚石,则不可以剖而以斟。吾无以瓠为也。"曰:"然,谷将弃之。"今田仲不恃仰人而食,亦无益人之国,亦坚瓠之类也。

有一位客人要教燕王长生不死的法术,燕王便派人去向他学习,派去的人还没来得及学,客人就死了。燕王非但没有责怪那位外来客人欺骗自己,却责怪那位使者学习法术行动太慢,而把他杀掉了。像这样相信不可能的事情,而杀掉没有罪过的臣民,是不明察的危害。试想,人们最看重的是自己的生命,那个外来客人都不能使自己不死,又怎么能使燕王长生不死呢?

两个郑国人,为比年龄的大小而争吵。一个人说:"我和尧是同年。"另一个人说:"我与黄帝的哥哥是同年。"两人为此争辩不止,只好以最后停止争辩的人为胜利者。

一位客人为周王画竹简,用了三年的时间才画成。周王一看,与油漆的竹简没有什么两样。周王大怒。画竹简的人说:"请大王修筑十板高的一道墙,在墙上开一个八尺见方的窗户,等到太阳出来的时候,把竹简放在窗户上对着日光看。"周王按照他说的做了,只见竹简上展现出龙蛇禽兽车马之类,形状万千,周王非常高兴。画家在这个竹简上花的功夫,并不是不精细不艰难,可是它的用处,却与没有画过的竹简一样。

有一个人为齐王作画,齐王问:"画什么东西最难?"他回答:"狗和马最难画。"齐王又问:"那画什么最容易呢?"他回答:"画鬼怪最容易。"狗和马,是人人都熟悉知道的,从早到晚都出现在人们的面前,一定要画得很像才行,所以难画;鬼怪是无形的东西,不显现在人们面前,所以最容易画。

齐国有一位叫田仲的隐士,宋国一位叫屈谷的人去拜见他,对他说："我听说先生很讲义气，不依靠别人生活。现在，我有种葫芦的技艺，我种的葫芦坚实如石，中间厚实而不空。我把它献给您。"田仲说："葫芦之所以有价值，是因为可以装东西。现在你的葫芦厚实而无空隙，就不能剖开装东西。而它又坚硬如石，也就不能装米酒。我拿这葫芦没有用处。"屈谷说："您说得对，我把它扔掉。"现在田仲不依靠别人而生活，也就是对他人对国家没有什么用处，他也是和坚硬的实心葫芦同属一类。

虞庆为屋，谓匠人曰："屋太尊。"匠人对曰："此新屋也，涂濡而椽生。夫濡涂重而生椽挠，以挠椽任重涂，此宜卑①。"（乾道本"夫濡涂……此宜卑"十七字在下面"虞庆曰不然"之后，是虞庆之言，《集解》未细察赵用贤本而根据顾广圻校记将此改为匠人之言，大误）虞庆曰："不然。更日久，则涂干而椽燥。涂干则轻，椽燥则直，以直椽任轻涂，此益尊。"匠人诎，为之而屋坏。

一曰：虞庆将为屋，匠人曰："材生而涂濡。夫材生则挠，涂濡则重，以挠任重，今虽成，久必坏。"虞庆曰："材干则直，涂干则轻。今诚得干，日以轻直，虽久，必不坏。"匠人诎，作之，成，有间，屋果坏。

范且曰："弓之折，必于其尽也，不于其始也。夫工人张弓也，伏檠三旬而蹈弦②，一日犯机，是节之其始而暴之其尽也，焉得无折？且张弓不然。伏檠一日而蹈弦，三旬而犯机，是暴之其始而节之其尽也。"工人穷也，为之，弓折。

范且、虞庆之言，皆文辩辞胜而反事之情。人主说而不禁，此所以败也。夫不谋治强之功，而艳乎辩说文丽之声，是却有术之士而任坏屋折弓也。故人主之于国事也，皆不达乎工匠之构屋张弓也。然而士穷乎范且、虞庆者：为虚辞，其无用而胜；实事，其无易而穷也。人主多无用之辩，而少无易之言，此所以乱也。今世之为范且、虞庆者不辍，而人主说之不止，是贵败折之类而以知术之人为工匠也。工匠不得施其技巧，故屋坏弓折；知治之人不得行其方术，故国乱而主危。

夫婴儿相与戏也，以尘为饭，以涂为羹，以木为胾，然至日晚必归饷者，尘饭涂羹可以戏而不可食也。夫称上古之传颂，辩而不悫，道先王仁义而不能正国者，此亦可以戏

【注释】
①涂：指屋上涂的泥。②檠：辅正弓弩的器具。蹈弦：用脚踩着弓把弦绷上去。③三晋：晋国被瓜分为韩、赵、魏三国。

而不可以为治也。夫慕仁义而弱乱者,三晋也③;不慕而治强者,秦也;然而未帝者,治未毕也。

　　虞庆修建房屋,他对盖房子的工匠说:"修得太高了。"工匠对他说:"这是新盖的房屋。泥是潮湿的,屋椽是新的,潮湿的泥分量重而新椽木易弯曲,用易弯曲的椽木承担湿重的泥,会适当地低一些的。"虞庆说:"不对。天长日久,泥干了,椽木也干燥了。泥土干了分量就变轻,椽木干燥就变直,用直的椽木担当轻的涂料,这屋顶就显得更高了。"工匠无话可说,只好照虞庆的话去做,结果房屋很快就倒塌了。

　　另一种说法是:虞庆将要造房子,匠人说:"木材没干透,泥巴是湿的。木材没干透就会翘,泥巴湿就重,用翘的木材承受重的泥巴,现在即使建成了,时间久了一定会倒塌。"虞庆说:"木材干透了就会伸直,泥巴干了就会变轻。如果确实能变干,木材一天天变干伸直,泥土一天天变轻,即使时间久了,一定不会倒塌。"匠人无话可说,按照他的话把房子建成了,过了一段时间,房子果然倒塌了。

　　范雎说:"弓之所以被折断,一定是在快做完的时候,而不是在开始制作的时候。工匠张开弓,安置在校正器上三十天以后才装上弦,一天后触动扳机射箭,这是在开始时缓慢有节,在完成时太急促了,怎能不折断呢?我张弓就不是这样,安置在校正器上一天就装上弦,三十天以后才触动扳机射箭,这是在开始时急促一点,在完成时却缓慢有节。"工匠没话可说,按他说的造弓,结果弓折断了。

　　范雎、虞庆说的话,都是文辞华丽动听、能压倒别人,却违反事物的实情。君主喜欢听这种话而不加以禁止,这就是办事失败的原因。不谋求治国强兵的实际功效,而非常羡慕巧辩华美的言辞,这就是拒绝有才能的人而听凭倒屋折弓的人。因此君主对于国事,都没有做到工匠造房子、制弓那样的程度。可是有才能的人被范雎、虞庆那样的人困扰,其原因是:说空话,无用却能取胜;干实事,坚持不变的实话却被人困扰。君主看重无用的巧辩,轻视不变的实话,这就是国家政治混乱的原因。当今效法范雎、虞庆的人层出不穷,而君主一直喜欢这些人,这就是看重导致倒屋、折弓之类的诡辩,而把有才能的人当作工匠。工匠不能施展他们的技巧,所以房子倒塌、弓被折断;懂得

治国之术的人不能实行他们的谋略,所以国家混乱、君主危险。

小孩子们在一起做游戏时,用尘土做饭,用泥巴作肉羹,将木片作大块肉,但是到天晚了一定要回家吃饭,这是因为尘土饭、泥巴羹可以玩耍却不能吃。称道上古传颂的东西,善辩但不真实,讲述先王的仁义却不能用来治理国家,这也是因为上述言行可供玩耍但不能用来治国。因羡慕仁义而使国家弱小、政治混乱的,是韩、赵、魏三国;不追求仁义而使国家强大的是秦国。但是现在秦国之所以还没能称帝统一天下,只是因为秦国的治理尚未完善。

说 三

人为婴儿也,父母养之简,子长而怨;子盛壮成人,其供养薄,父母怒而诮之。子、父,至亲也,而或谯或怨者,皆挟相为而不周于为己也。夫买庸而播耕者,主人费家而美食,调布而求易钱者①,非爱庸客也,曰:如是,耕者且深、耨者熟耘也。庸客致力而疾耘耕者,尽巧而正畦陌畦畴者,非爱主人也,曰:如是,羹且美、钱布且易云也。此其养功力,有父子之泽矣,而心调于用者,皆挟自为心也。故人行事施予,以利之为心,则越人易和;以害之为心,则父子离且怨。

文公伐宋,乃先宣言曰:"吾闻宋君无道,蔑侮长老,分财不中,教令不信,余来为民诛之。"

越伐吴,乃先宣言曰:"我闻吴王筑如皇之台,掘深池,罢苦百姓,煎靡财货,以尽民力,余来为民诛之。"

蔡女为桓公妻,桓公与之乘舟,夫人荡舟,桓公大惧,禁之不止,怒而出之②。乃且复召之,因复更嫁之。桓公大怒,将伐蔡。仲父谏曰:"夫以寝席之戏,不足以伐人之国,功业不可冀也,请无以此为稽也。"桓公不听。仲父曰:"必不得已,楚之菁茅不贡于天子三年矣,君不如举兵为天子伐楚。楚服,因还袭蔡,曰:'余为天子伐楚而蔡不以兵听从。'因遂灭之。此义于名而利于实,故必有为天子诛之名,而有报雠之实。"

吴起为魏将而攻中山。军人有病疽者,吴起跪而自吮其脓。伤者母立而泣。人问曰:"将军于若子如是,尚何为

【注释】

①布:货币名称。②出:休妻。③攐撅:这里是绾起衣袖的意思。

而泣?"对曰:"吴起吮其父之创而父死;今是子又将死也,今吾是以泣。"

赵主父令工施钩梯而缘播吾,刻疏人迹其上,广三尺,长五尺,而勒之曰:"主父常游于此。"

秦昭王令工施钩梯而上华山,以松柏之心为博,箭长八尺,棋长八寸,而勒之曰:"昭王尝与天神博于此矣。"

文公反国,至河,令笾豆捐之,席蓐捐之,手足胼胝、面目黧黑者后之。咎犯闻之而夜哭。公曰:"寡人出亡二十年,乃今得反国,咎犯闻之不喜而哭,意不欲寡人反国邪?"犯对曰:"笾豆,所以食也,而君捐之;席蓐,所以卧也,而君弃之;手足胼胝、面目黧黑,劳有功者也,而君后之。今臣与在后,中不胜其哀,故哭。且臣为君行诈伪以反国者众矣,臣尚自恶也,而况于君?"再拜而辞。文公止之曰:"谚曰:'筑社者,攐撅而置之③,端冕而祀之。'今子与我取之,而不与我治之;与我置之,而不与我祀之,焉可?"乃解左骖而盟于河。

说 三

当人还是婴儿的时候,父母对他不细心抚养,子女长大后就会对父母心怀抱怨。孩子成人后,如果对父母供养不丰厚,父母也会责怪儿女。父母和子女是最亲的人,但有时也会互相责备和埋怨,这是因为他们有相互依赖的心理而都认为对方对自己照顾不周。地主雇工耕种庄稼,他花钱准备好的饭菜,挑选布币去交换钱币给雇工,这样做并不是地主喜欢雇工,而是想使雇工种田耕地深耕细作。雇工努力耕种,用尽技巧精心整理田地,这不是雇工喜欢地主,而是这样做,饭菜就丰盛,钱币才容易得到。在地主和雇工之间互相都是在为自己培养功效。双方之间存在着父子那样的互相施予的关系,可是他们双方在想从对方那里获得好处时,都抱着一种自己帮助自己的打算。所以,人们在施予受惠问题上,如果以有利他人为原则,那就会令蛮荒之地的越国人也容易和睦相处;如果以损人利己为原则,那就连父子也会离心离德,互相怨恨。

文公讨伐宋国的时候先公开宣言:"我听说宋国的君王昏

庸无道,欺侮长老,财物分配不公平,发布的政令都是在欺骗民众。我来为百姓除掉这昏君。"

越王讨伐吴国,便首先公开宣告:"我听说吴王修筑一座叫'如皇'的高台,挖掘一座叫'渊泉'的大湖,使百姓劳累辛苦,耗费财物,耗尽民力,我来为百姓除掉这个暴君。"

蔡侯的女儿是桓公的夫人,桓公与她一起乘船游玩。她摇晃船身,桓公非常害怕,叫她别摇,但夫人不听,桓公一气之下就休了她。随后桓公又想要召她回来,但蔡侯已经将她另嫁别人。桓公大怒,准备攻打蔡国。管仲劝谏说:"因夫妻间开玩笑的小事,不足以攻打别国,也不能指望建立什么功业,请您不要考虑这事。"桓公不听。管仲说:"一定不能停下这事,楚国已有三年不向天子进贡菁茅了,您不如起兵为周天子攻打楚国。楚国降服了,返回来袭击蔡国,说:'我替周天子攻打楚国,而蔡国不听从命令起兵。'于是就灭掉它。这样在名义上是正义的,在实际上有利,所以借替周天子讨伐的名义,才能有公报私仇的实效。"

吴起担任魏国的将军攻打中山国。有一个士兵生了毒疮,吴起跪下来亲自为他吸脓。长毒疮军士的母亲看见立刻哭起来。别人问道:"将军对你的儿子这样好,还为什么要哭呢?"她回答说:"吴起给他父亲的伤口吸脓,他的父亲就战死了;现在这个儿子又将要战死,现在我因此而哭。"

赵主父命令工匠设置带钩的梯子攀登播吾山,在古代残存的石刻上面刻上稀疏的放大的脚迹,脚迹宽三尺,长五尺,并且刻上字说:"主父曾在此游玩。"

秦昭王命令工匠设置带钩的梯子登上华山,用松柏树心做了一副棋,骰子长八尺,棋子长八寸,并且刻上字说:"秦昭王曾经与天神在这里下过棋。"

晋文公返回晋国,到了黄河边,命令把食具笾、豆丢掉,把席子、褥子丢掉,让手脚长了老茧、脸色黑的人走在后面。狐偃听到这话后,在夜里哭起来。文公说:"我出外流亡二十年,今天才能回国,狐偃听了不喜反哭,你是不想我回国吗?"狐偃回答:"笾、豆是用来吃饭的,您却丢掉它们;席子、被褥,是用来睡觉的,您却扔了它们;手脚长了老茧,脸色黑的人,是劳苦功高的人,您却要他们走在后面。我心里有说不尽的哀痛,因此哭了起来。而且我为您回国实行了太多的欺骗,我本人都很厌恶自己,何况您是高贵的国君呢?"说完连拜两次告辞。文公阻止他说:"俗话说:'修筑土地神坛的人,提起衣服来树立社神,穿好衣服、戴上礼帽去祭祀它。'现在你帮助我取得了国家,却不帮助我治理国家,好比帮我建立了土地神坛,却不和我一起祭祀它一样,这怎么可以呢?"于是解下左边的马沉入河中而对着河神发誓。

郑县人卜子使其妻为裤,其妻问曰:"今裤何如?"夫曰:"象吾故裤。"妻因毁新,令如故裤。

郑县人有得车轭者,而不知其名,问人曰:"此何种也?"对曰:"此车轭也。"俄又复得一,问人曰:"此是何种也?"对曰:"此车轭也。"问者大怒曰:"曩者曰车轭,今又曰车轭,是何众也?此女欺我也!"遂与之斗。

卫人有佐弋者,鸟至,因先以其裧麾之①,鸟惊而不射也。

郑县人卜子妻之市,买鳖以归。过颍水。以为渴也,因纵而饮之,遂亡其鳖。

夫少者侍长者饮,长者饮,亦自饮也。

一曰:鲁人有自喜者,见长年饮酒不能酹则唾之,亦效唾之。

一曰:宋人有少者亦欲效善,见长者饮无馀,非斟酒饮也而欲尽之。

书曰:"绅之束之。"宋人有治者,因重带自绅束也。人曰:"是何也?"对曰:"书言之,固然。"

书曰:"既雕既琢,还归其朴。"梁人有治者,动作言学,举事于文,曰:"难之。"顾失其实。人曰:"是何也?"对曰:"书言之,固然。"

郢人有遗燕相国书者,夜书,火不明,因谓持烛者曰:"举烛。"云而过书"举烛"。举烛,非书意也。燕相受书而说之,曰:"举烛者,尚明也;尚明也者,举贤而任之。"燕相白王,王大悦,国以治。治则治矣,非书意也。今世学者多似此类。

郑人有欲买履者,先自度其足而置之其坐,至之市而忘操之。已得履,乃曰:"吾忘持度。"反归取之。及反,市罢,遂不得履。人曰:"何不试之以足?"曰:"宁信度,无自信也。"

【注释】
①裧:通"帴",头巾。麾:通"挥",挥动。

译文

有个叫卜子的郑县人让他的妻子给他缝一条裤子,他的妻子问他:"做什么样子的?"丈夫说:"就像我的旧裤子一样。"妻子于是就把新裤子弄坏,使它与旧裤子一样。

郑县有个人,拾到一个车轭,不知道它的名称,他问旁人:"这是什么东西?"旁人回答说:"这是车轭。"不久他又拾到一个车轭,他又去问那个人:"这是什么东西?"那人回答说:"这是车轭。"这个郑县人大怒,说:"刚才问你,说是车轭,现在问你,又说是车轭,怎么车轭这样多呢?你这是在欺骗我!"说完就和那个人打了起来。

卫国有一个协助别人射鸟的人,鸟来了,他先用头巾向鸟挥动,结果鸟受惊而飞走,射鸟的人就始终没法射到。

郑县人卜子的妻子赶集,买了一只甲鱼,回家经过颖水时,以为甲鱼渴了,就把甲鱼放到河里喝水,于是甲鱼逃跑了。

年轻人服侍长辈喝酒,长辈喝,年轻人自己也喝。另一种说法是:"有个鲁国人常常自得其乐。他看见老年人喝酒干杯时不能把酒喝完就吐掉,他也学着把酒吐掉。"还有一种说法是:"宋国有个年轻人想摹仿文明的样子,看见年长的人喝酒一饮而尽,自己不会喝酒,他也想要一饮而尽。"

古书上说:"反复约束自己。"宋国有个钻研古书的人不理解这话的含义,就按字面意义,用两条衣带把自己束起来。别人问他:"这样做是为什么啊?"那人回答说:"古书上是这样教导的,我当然也就这样做了。"

古书上说:"又雕刻又琢磨,还原到它本来的样子。"魏国有个研究这本书的人,一言一行都学习这句话,做任何事都讲究修饰,说:"真难啊。"结果反而失掉了他原来的样子。别人问他说:"这是为什么?"他回答说:"古书上讲的,所以我就这样做啦。"

楚国郢都有一个人给燕国的宰相写信,夜里写信,灯火不明亮,于是对拿烛的人说:"举烛。"说完就在信里错写上"举烛"二字。举烛,不是信中要写的意思。燕国的宰相收到信后,很高兴,说:"举烛,就是崇尚高明;崇尚高明,就是推举贤能并任用他们。"燕国的宰相把这事告诉燕王,燕王非常高兴,国家因此治理好了。这不是信中的本意。当今社会上被提拔的学者有很多像这一类的人。

郑国有个人想买鞋子,他首先量好自己脚的大小,却把量

脚的尺码放在座位上了,到市场才发现自己忘了带尺码。他已经挑好了鞋子,却说:"我忘了带量好的尺码了。"便又返回家去取。等返回到市场时,集市已经散了,于是没有买到鞋子。有人说:"为什么不用脚试一试呢?"他说:"我宁可相信量好的尺码,也不相信自己的脚。"

说 四

王登为中牟令,上言于襄主曰:"中牟有士曰中章、胥己者,其身甚修,其学甚博,君何不举之?"主曰:"子见之,我将为中大夫。"相室谏曰①:"中大夫,晋重列也,今无功而受,非晋臣之意。君其耳而未之目邪!"襄主曰:"我取登,既耳而目之矣;登之所取,又耳而目之:是耳目人绝无已也。"王登一日而见二中大夫,予之田宅。中牟之人弃其田耘、卖宅圃而随文学者,邑之半。

【注释】
① 相室:相国。
② 陈:阵。

　　叔向御坐,平公请事,公腓痛足痹转筋而不敢坏坐。晋国闻之,皆曰:"叔向贤者,平公礼之,转筋而不敢坏坐。"晋国之辞仕托、慕叔向者,国之锤矣。

　　郑县人有屈公者,闻敌,恐,因死;恐已,因生。

　　赵主父使李疵视中山可攻不也。还报曰:"中山可伐也。君不亟伐,将后齐、燕。"主父曰:"何故可攻?"李疵对曰:"其君见好岩穴之士,所倾盖与车以见穷闾隘巷之士以十数,伉礼下布衣之士以百数矣。"君曰:"以子言论,是贤君也,安可攻?"疵曰:"不然。夫好显岩穴之士而朝之,则战士怠于行陈②;上尊学者,下士居朝,则农夫惰于田。战士怠于行陈者,则兵弱也;农夫惰于田者,则国贫也。兵弱于敌,国贫于内,而不亡者,未之有也。伐之不亦可乎?"主父曰:"善。"举兵而伐中山,遂灭也。

说 四

　　王登在做中牟县县令的时候,向赵襄子进言:"中牟县有叫中章、胥己的两位读书人,他们的品德很好,他们的学问很渊博,您为什么不举用他们?"赵襄子说:"你让他们来见我,我将任用他们为中大夫。"他的家臣头目劝谏说:"中大夫是晋国的重要官位,如果没有功劳就授给这么高的职位,这不合晋国选拔大臣的惯例。您恐怕只用耳朵听了他们的名声,而没有用眼睛亲自看一看他们的实情。"赵襄子说:"我挑选王登,既听又看;王登挑选人,又听又看;这样用耳朵、眼睛考察人就没有停止的时候。"王登一天之内就让两个中大夫去见赵襄子,授给他们土地、住宅。因而中牟县的人放弃耕田种地,卖掉住宅菜园去追随文学之士的人,占了全县人口的一半。

　　叔向陪晋平公坐,向晋平公请示国事,平公的小腿因风湿觉得疼痛,他只是不断地揉着小腿而不敢随意改变端坐姿势。晋国的人听到这件事情,都说:"叔向是个贤人,晋平公对他那么有礼,即使腿疼痛都不敢改变端坐的姿势。"于是晋国辞去请求高官厚禄而仿效叔向的人,占全国的一半。

　　郑县有一个名叫屈公的人,听说敌人来了,就非常害怕,以至吓得昏死了过去;等恐惧的情绪一过,他又苏醒活了过来。

　　赵国主父派李疵看一下是否能够去打中山国。李疵回来说:"可以攻打。如果不趁早打,可能就会落在齐国燕国之后了。"主父问:"为什么能够攻打呢?"李疵回答说:"中山国的君王喜欢接近那些山林隐居的人,他的车驾前往拜访穷村陋巷的隐士有几十位,他用平等的礼节来结交的不当官的士人有几百位。"主父说:"据你所说,中山的国君应是位贤明的国君,怎么好去攻打呢?"李疵说:"不对。如果君王喜欢隐士而亲近他们,那么打仗的官兵就会在阵地上懈怠,君王尊崇学者,文士居于朝廷,那么农夫就会怠惰耕种。将士懒得打仗,兵力就衰弱;农夫懒得耕作,那国家就贫乏。兵力比敌人弱,国内贫乏,像这样的国家从来就没有不灭亡的。那么攻打它不正合适吗?"主父说:"好!"于是就兴兵攻打中山国,把它灭掉了。

说 五

齐桓公好服紫,一国尽服紫。当是时也,五素不得一紫。桓公患之,谓管仲曰:"寡人好服紫,紫贵甚,一国百姓好服紫不已,寡人奈何?"管仲曰:"君欲止之,何不试勿衣紫也?谓左右曰:'吾甚恶紫之臭。'于是左右适有衣紫而进者,公必曰:'少却!吾恶紫臭。'"公曰:"诺。"于是日,郎中莫衣紫;其明日,国中莫衣紫;三日,境内莫衣紫也。

一曰:齐王好衣紫,齐人皆好也。齐国五素不得一紫,齐王患紫贵。傅说王曰:"《诗》云:'不躬不亲,庶民不信。'今王欲民无衣紫者,王请自解紫衣而朝。群臣有紫衣进者,曰:'益远!寡人恶臭。'"是日也,郎中莫衣紫;是月也,国中莫衣紫;是岁也,境内莫衣紫。

郑简公谓子产曰:"国小,迫于荆、晋之间。今城郭不完,兵甲不备,不可以待不虞。"子产曰:"臣闭其外也已远矣,而守其内也已固矣,虽国小,犹不危之也。君其勿忧!"是以没简公身无患。

一曰:子产相郑,简公谓子产曰:"饮酒不乐也。俎豆不大,钟、鼓、竽、瑟不鸣,寡人之事不一,国家不定,百姓不治,耕战不辑睦,亦子之罪。子有职,寡人亦有职,各守其职。"子产退而为政五年,国无盗贼,道不拾遗,桃枣荫于街者莫援也,锥刀遗道三日可反。三年不变,民无饥也。

说 五

　　齐桓公喜欢穿紫色的衣服,于是全国都风行穿紫色的衣服。在当时,五匹素白的绸换不到一匹紫色的绸。齐桓公对此感到忧虑,就对管仲说:"我喜欢穿紫色的衣服,紫色的绸特别昂贵,全国百姓都追逐穿紫色的衣服,我该怎么办呢?"管仲说:"您如果要阻止他们穿紫色的衣服,为什么不尝试一下自己不穿紫色的衣服呢?您可以对左右侍从说:'我很讨厌紫色衣服的气味。'在这个时候如果正好有穿紫衣服的人进来,您一定要说:'稍稍退后一点,我讨厌紫衣服的气味。'"齐桓公说:"好吧。"于是当天,君王的侍从中就没有人穿紫衣服了;第二天,国都中没有人穿紫衣服了;第三天,全国的人都不穿紫色的衣服了。

　　另一种说法是:齐王喜欢穿紫色衣服,齐国的人也就都喜欢穿紫衣服。齐国五匹素白的绸换不到一匹紫色的绸。齐王担忧紫色绸的价钱越来越昂贵。太傅劝齐王说:《诗经》上说:'君主不身体力行,老百姓是不会相信的。'现在您想要民众中没有穿紫衣服的人,请君王自己不穿紫衣服上朝。臣子中有穿紫衣服进朝的,您就说:'离得稍远一点!我讨厌紫色染料的气味。'"这一天,侍从官郎中就没人穿紫衣服;这个月,国都中没有人穿紫衣服;这一年,全国范围内没有人穿紫衣服了。

　　郑简公对子产说:"郑国太小,又夹在楚国和晋国两个大国之间。现在内外城都不完整,兵甲不齐备,恐怕不能应付意料不到的事。"子产说:"我封锁国境已经很久了,国内防守已经很牢固了,虽然国家很小,但还是没有什么危险。您不要担忧!"因此直到简公去世,国家也没有灾祸。

　　另一种说法是:子产做郑国的宰相,郑简公对子产说:"我饮酒都感不到快乐。因为俎豆等祭器不大,钟、鼓、竽、瑟等乐器不响亮,我的政事繁多,这是我的责任。国家不安定,百姓没治理好,耕战之士不和睦团结,这也是你的过失。你有职责,我也有职责,我们要各人坚守职责。"子产退下来掌管政事,过了五年,国内没有盗贼,路上丢的东西没有人捡,大路上桃树、枣树成荫结果,即使树枝垂到大街上也没有人伸手去摘,锥刀遗失在路上三天还能找回来。他执政多年,这样的局势不变,老百姓没有忍饥挨饿的了。

韩非子

宋襄公与楚人战于涿谷上。宋人既成列矣,楚人未及济。右司马购强趋而谏曰:"楚众而宋人寡,请使楚人半涉未成列而击之,必败。"襄公曰:"寡人闻君子曰:'不重伤,不擒二毛,不推人于险,不迫人于阨,不鼓不成列。'今楚未济而击之,害义。请使楚人毕涉成陈而后鼓士进之。"右司马曰:"君不爱宋民,腹心不完,特为义耳。"公曰:"不反列,且行法。"右司马反列,楚人已成列撰陈矣,公乃鼓之。宋人大败,公伤股,三日而死,此乃慕自亲仁义之祸。夫必恃人主之自躬亲而后民听从,是则将令人主耕以为上(王先慎曰"上"当作"食"),服战雁行也,民乃肯耕战,则人主不泰危乎?而人臣不泰安乎?

齐景公游少海,传骑从中来谒曰:"婴疾甚,且死,恐公后之。"景公遽起,传骑又至。景公曰:"趋驾烦且之乘,使驺子韩枢御之①。"行数百步,以驺为不疾,夺辔代之;御可数百步,以马为不进,尽释车而走。以烦且之良而驺子韩枢之巧,而以为不如下走也。

魏昭王欲与官事,谓孟尝君曰:"寡人欲与官事。"君曰:"王欲与官事,则何不试习读法?"昭王读法十余简而睡卧矣。王曰:"寡人不能读此法。"夫不躬亲其势柄,而欲为人臣所宜为者也,睡不亦宜乎?

孔子曰:"为人君者,犹盂也;民,犹水也。盂方水方,盂圜水圜。"

邹君好服长缨,左右皆服长缨,缨甚贵。邹君患之,问左右,左右曰:"君好服,百姓亦多服,是以贵。"君因先自断其缨而出,国中皆不服长缨。君不能下令为百姓服度以禁之,乃断缨出以示民,是先戮以莅民也。

叔向赋猎,功多者受多,功少者受少。

韩昭侯谓申子曰:"法度甚不易行也。"申子曰:"法者,见功而与赏,因能而受官。今君设法度而听左右之请,此所以难行也。"昭侯曰:"吾自今以来知行法矣,寡人奚听矣。"一日,申子请仕其从兄官。昭侯曰:"非所学于子也。听子之谒,败子之道乎?亡其用子之谒?"申子辟舍请罪。

【注释】
①驺:主管喂马的官职。

韩非子

译文

宋襄公在涿谷与楚国作战。宋国已摆好阵势,楚国人却还没来得及过河。宋国右司马购强快步上前劝谏说:"楚国人多,我国人少,请君主下令在楚国还没有摆好阵势时就发起攻击,这样一定能打败他们。"宋襄公说:"我听君子说:'不要再伤害已受伤的人,不俘虏苍白头发的老人,不在地势不平的地方推别人,不在困苦的地方逼迫别人,不击鼓进攻没有摆好阵势的敌人。'现在楚人没过河就攻击他们,损害了义理。请让楚人完全过了河摆好了阵势,再击鼓进攻他们。"右司马争辩说:"您不爱护宋国的民众,自己的心腹都受到损伤了,还一个劲地讲什么仁义!"宋襄公说:"你如果不返回到队列中去,将按军法处置。"右司马返回到队列中时,楚人已经摆好队列、构成阵式,宋襄公这才击响进攻的战鼓。结果宋军大败,襄公大腿受伤,三天之后就死了。这就是实行仁义造成的杀身之祸。如果凡事一定依靠君王亲自实行,然后民众才能听从,那么就要君王自己种田吃饭,亲自打仗;如果君王排在行伍里百姓才肯种田打仗,那么君王不就太危险了吗?而做臣子的不就太舒服了吗?

齐景公到渤海去游玩,信使从京城飞驰来报说:"宰相晏婴病危,请主公速回,否则您赶不上见他一面了。"景公急忙起身,又有一信使前来催促。景公说:"快让马官韩枢驾那匹叫烦且的良种快马。"才走几百步,景公觉得马跑不快,便夺过缰绳亲自赶车。又走了大约几百步,景公还觉得马跑得不快,他便从车上跳下来用脚向前奔跑。凭烦且这样的良马和马官韩枢这样的驾车能手,齐景公却以为不如自己下车用两条腿跑得快。

魏昭王想亲自参与国家事务的管理,就对孟尝君说:"我想参与百官的事务。"孟尝君说:"君王想参与百官的事务,那么为什么不试着读些法律条文呢?"结果昭王只读了十几片竹简,就趴在案上睡着了。他对孟尝君说:"我实在是不能读这样的条文。"可见,不亲自掌握好自己的权柄,而想做臣子应该做的事情,打瞌睡不也是很自然的吗?

孔子说:"做君王的就好比盆一样,老百姓就好像水一样。盆是方的,水也是方的;盆是圆的,水也就是圆的。"

邹国的君王喜爱佩长带,左右大臣也都佩长带,因此长带越来越贵。邹国的君王为此感到忧虑,就问左右近臣。近臣回答说:"因为您喜爱佩长带,百姓也就多佩长带,所以长带昂贵。"为此,邹君便首先割断自己的长带,然后出巡,都城里的

人就都不佩长带了。君王不能通过下命令规定百姓该穿什么服饰，无法禁止他们模仿君王佩长带，而要用自断佩带出宫来表明自己做在百姓的前面，这是用首先让自己受惩罚的方法来统治百姓。

叔向分配猎物，功劳大的就多得，功劳小的就少得。

韩昭侯对申不害说："法度很不容易实行啊！"申不害说："法度，就是做出功劳就给予奖赏，根据才干而授官。现在君王虽然设立了法度，却又听从心腹的私下请求，所以法度很难推行啊。"韩昭侯说："我知道今后该怎样推行法度和听取意见了。"一天，申不害请求给他堂兄一个官职。昭侯说："这不是我从你那里学来的做法。我是听从你的请求而破坏你的原则呢，还是不接受你的请求呢？"申子连忙退避请罪。

说 六

【注释】
①逾：超越，在此句中是相互混淆的意思。②到：倒，颠倒。

晋文公攻原，裹十日粮，遂与大夫期十日。至原十日而原不下，击金而退，罢兵而去。士有从原中出者，曰："原三日即下矣。"群臣左右谏曰："夫原之食竭力尽矣，君姑待之。"公曰："吾与士期十日。不去，是亡吾信也。得原失信，吾不为也。"遂罢兵而去。原人闻曰："有君如彼其信也，可无归乎？"乃降公。卫人闻曰："有君如彼其信也，可无从乎？"乃降公。孔子闻而记之曰："攻原得卫者，信也。"

文公问箕郑曰："救饿奈何？"对曰："信。"公曰："安信？"曰："信名。信名，则群臣守职，善恶不逾①，百事不怠；信事，则不失天时，百姓不逾；信义，则近亲劝勉而远者归之矣。"

吴起出，遇故人而止之食。故人曰："诺，今返而食。"吴子曰："待公而食。"故人至暮不来，吴起至暮不食而待之。明日早，令人求故人。故人来，方与之食。

魏文侯与虞人期猎。明日，会天疾风，左右止文侯，不听，曰："不可。以风疾之故而失信，吾不为也。"遂自驱车往，犯风而罢虞人。

曾子之妻之市，其子随之而泣。其母曰："女还，顾反为女杀彘。"妻适市来，曾子欲捕彘杀之。妻止之曰："特与婴儿戏耳。"曾子曰："婴儿非与戏也。婴儿非有知也，待父母而学者也，听父母之教。今子欺之，是教子欺也。母欺子,子而不信其母。非以成教也。"遂烹彘也。

楚厉王有警鼓,为鼓以与百姓为戍。饮酒醉,过而击,民大惊。使人止之。曰:"吾醉而与左右戏,过击之也。"民皆罢。居数月,有警,击鼓而民不赴。乃更令明号而民信之。

李悝警其两和,曰:"谨警敌人,且暮且至击汝。"如是者再三而敌不至,两和懈怠,不信李悝。居数月,秦人来袭之,至几夺其军。此不信患也。

一曰:李悝与秦人战,谓左和曰:"速上!右和已上矣。"又驰而至右和曰:"左和已上矣。"左右和曰:"上矣。"于是皆争上。其明年,与秦人战。秦人袭之,至,几夺其军。此不信之患。

有相与讼者,子产离之,而毋得(《集解》脱"得"字,据乾道本补)使通辞,到至(道藏本无"至"字)其言以告而知也[2]。

惠(王先慎曰"惠"当作"卫")嗣公使人伪关市,关市呵难之。因事关市以金,关市乃舍之。嗣公谓关市曰:"某时有客过而予汝金,因谴之。"关市大恐,以嗣公为明察。

说 六

晋文公攻打原国,只带了十天的干粮,与大夫约定在十天内打下原国。到原国十天了,却攻不下原国,便敲钟退军,撤兵而去。有一个原国人说:"原国再有三天就攻下了。"大臣和左右侍从劝谏说:"原国已吃光粮食,力量也用完了,您姑且等一下吧!"晋文公说:"我与军士们约定十天为期,如果不离开,这就失去了我的信用。夺得原国而失去信用,我不干。"于是撤兵。原国人听到后说:"有像这样守信用的国君,能够不归向他吗?"于是向晋文公投降。卫国人听到后说:"有像那样守信用的国君,怎么能不跟随他?"于是也向晋文公投降。孔子听后记载这件事说:"攻打原国而得到卫国,是因为守信用。"

晋文公问晋国大夫箕郑说:"怎样救济饥荒?"箕郑回答说:"守信用。"文公说:"怎样守信用?"箕郑说:"在名位、政事、道义上讲信用。在名位上守信用,群臣就会尽职尽责,善恶就不会互相逾越,各种事情就不会懈怠;在政事上讲信用,就不会违背天时,百姓就不会逾越本分;在义理上讲信用,亲近的人就会互

·81·

相勉励,远方的人就会归顺。"

吴起出门,遇到一个老朋友便留他吃饭。老朋友说:"好。我现在出去,返回时再来和你吃饭。"吴起说:"我等您回来吃饭。"但老朋友一直到天黑还不回来,吴起便等到天黑仍不吃饭。第二天早上,吴起派人去请这个朋友。朋友来了,才和他一起吃饭。

魏文侯与主管山林的官员约定了打猎的时间。第二天,恰遇上天刮大风,文侯的左右叫他不要去了,文侯不听,说:"不能因为风大的缘故而失去信用,我不能不去。"于是他亲自赶车前往,冒着狂风前去会见山林官员,告诉他打猎的事暂不进行。

曾子的妻子去赶集,她的儿子哭着跟她去。她哄儿子说:"你回家去,等我回来给你杀猪吃肉。"妻子从集市上刚回来,曾子就要捉住猪准备杀。妻子制止他说:"那只是哄小孩子的。"曾子说:"小孩也不是开玩笑的对象。小孩子没有辨识能力,只是以父母为学习的榜样,听从父母的教诲。现在你欺骗他,他就不相信他的母亲,这不是教育儿子的方法。"于是就杀猪烧肉给儿子吃。

楚厉王遇到紧急的情况,就击鼓通知百姓一起防守。一次,楚厉王喝醉了酒,错误地击了鼓,百姓非常惊慌,马上戒备。楚厉王派人去制止他们,说:"我喝醉了酒,跟左右的人开个玩笑,错误地打了鼓。"百姓就都回去了。过了几个月,遇到了紧急情况,厉王击鼓而百姓不来。只好重新申明号令,然后百姓才相信他。

李悝训诫军营左右的守卫队时说:"你们要严谨地警戒敌人,敌人很快就会来攻击你们了。"他这样说了两三次而敌军还没有出现过,左右卫队因此而懈怠,他们不再相信李悝的话。过了几个月,秦国军队果然前来袭击,魏国军队几乎全军覆没。这就是不讲信用造成的恶果。

还有一种说法是:李悝与秦国打仗,对左边壁垒里的军队说:"快上去,右边壁垒里的人已经攻上去了。"又奔跑到右壁垒说:"左边壁垒的人已经攻上去了。"左右两边的部队听了李悝的话,都说:"快上啊!"于是都争抢着上去,攻上了城楼。第二年,又与秦国打仗。秦国人袭击魏国李悝所率的部队,几乎使他全军覆灭,这就是不守信用造成的恶果。

有两个人争吵,请子产为他们评理。子产把他们隔离在两处,使他们互相不能交谈。然后把他们两人的话都颠倒其词告诉对方,这样,很快就知道是非曲直了。

卫嗣公派人扮成经过关卡的人，这个人在过关时受到了主管官吏的非难。于是他通过贿赂这个官吏，才得以顺利过关。后来，卫嗣公对那官吏说："某月某日，有个人给了你金钱，你就放他过关了。"关卡上的管理官吏特别害怕，认为卫嗣公明察下情。

外储说左下

经 一

以罪受诛，人不怨上，跀危坐子皋①；以功受赏，臣不德君，翟璜操右契而乘轩②。襄王不知，故昭卯五乘而履屏。上不过任，臣不诬能，即臣将为失（顾广圻曰"失"当作"夫"）少室周。

【注释】

①跀危：古时受断足之刑的人叫"明跪"，"危"即"跪"。②右契：契约的右半。古时契约分左半与右半而合一。

经 二

恃势而不恃信，故东郭牙议管仲；恃术而不恃信，故浑轩非文公。故有术之主，信赏以尽能，必罚以禁邪。虽有驳行，必得所利。简主之相阳虎，哀公问"一足"。

经 三

失臣主之理，则文王自履而矜。不易朝燕之处，则季孙终身庄而遇贼。

经 四

利所禁，禁所利，虽神不行；誉所罪，毁所赏，虽尧不治。夫为门而不使入，委利而不使进，乱之所以产也。齐侯不听左右，魏主不听誉者，而明察照群臣，则钜不费金钱，屦不用璧。西门豹请复治邺，足以知之。犹盗婴儿之矜裘，与跀危子荣衣。子绰左右画，去蚁驱蝇。安得无桓公之忧索官、与宣王之患臞马也？

韩 非 子

经 五

臣以卑俭为行,则爵不足以劝赏;宠光无节,则臣下侵逼。说在苗贲皇非献伯,孔子议晏婴。故仲尼论管仲与叔孙(道藏本作"孙叔")敖。而出入之容变,阳虎之言见其臣也。而简主之应人臣也失主术。朋党相和,臣下得欲,则人主孤;群臣公举,下不相和,则人主明。阳虎将为赵武之贤、解狐之公,而简主以为枳棘,非所以教国也。

经 一

由于有罪而受到诛罚,民众不会怨恨上级长官,所以被子皋处以刖刑的人反而保全了子皋;因为有功而受到奖赏,臣子不会感激君主的恩德,所以翟璜理所当然地乘坐轩车。赵襄王不懂得这个道理,所以立了大功的昭卯只能得到五乘食邑,这好比赚了大钱,却穿草鞋一样不相称。君主不错误地任用人,臣下不会冤屈有才能的人,那么臣下都将成为少室周那样诚实的人。

经 二

君主依靠权势而不依靠臣子的诚信,所以东郭牙建议不要把全部大权交给管仲。君主依靠权术而不依仗臣子的诚信,所以浑轩批评晋文公过分信任箕郑。因此,有权术的君主,通过奖赏诚信而使臣下竭尽才智,通过处罚坚决而禁止奸邪。臣下即使有不纯的行为,君主也一定能得到好处。因此赵简子仍然用有野心的阳虎为宰相;鲁哀公了解到"夔只要有一点优点就足够了"的道理,所以仍任用夔。

经 三

因为不顾臣子与君主间的等级关系,所以周文王自己系上鞋子还要以此自夸。不改变上朝与休息时的不同穿着,所以季孙终身庄重,却因一时疏忽而遭人杀害。

经 四

原本要禁止的,反让得到好处;原本要让它得利的,反而加以禁止。那样,即使是神人也行不通。称赞应当判罪的人,诋

韩非子

毁应当奖赏的人，即使是唐尧也不能治好国家。造了门而不让人进去，给予了利而不使人进取，这是祸乱产生的原因。齐侯不听左右侍从的话，魏王不听称赞的话，因而能明察群臣，那么钜就不会花费金钱求官做，孱也不会使用美玉买官职。从西门豹请求再次治理邺邑这件事，就足以知道这个道理。这好比盗贼的孩子夸耀他父亲的皮袍子带尾巴，被砍脚的人的儿子认为他父亲只有冬天才穿裤子是光荣的。又像子绰讲左手、右手不能同时画方和圆，不能用肉来赶走蚂蚁、用鱼来驱逐苍蝇。如果不能明察群臣，不依法治国，怎能没有齐桓公担心求官的人太多、韩宣子担心马瘦那样的事呢？

经 五

如果臣下的行为谦卑、节俭,那么爵位就不足以鼓励他们;如果尊宠和表彰没有节度,那么臣下就会侵害、威胁君主。这个道理具体的说明体现在苗贲皇指责献伯的节俭,孔子议论晏婴的事例中。所以孔子议论管仲,以为他太奢侈,因而威逼君主;又议论孙书敖,以为他太节俭,因而威胁下级。阳虎讲他推荐的臣子,在他在位时和出逃时脸色变得很快。赵简子却答复他,培植不当就失去君主的权术。结成私党,互相应和,臣下满足了私欲,君主就会孤立;群臣用公心推举人,下面不互相唱和,君主就会明断。阳虎想做到像赵武那样贤良、解狐那样公正,而赵简子认为这是栽了多刺的枳树和棘树,这实在不是教化国人的办法。

经 六

公室卑则忌直言;私行胜则少公功。说在文子之直言,武子之用杖;子产忠谏,子国谯怒;梁车用法而成侯收玺;管仲以公而国人谤怨。

【注释】

①轩:此指高车。②骖乘:通常指驾车的副手,此指君王车乘的保卫士。

经 六

公室地位下降,就忌讳讲直话;谋私利的行为盛行,就很少有人为国立功。这个道理具体的说明体现在范文子喜欢说直话,他父亲范武子就用手杖打他;子产忠于国君而敢于进谏,他父亲子国就怒责他;梁车对姐姐施用公法,赵成侯却认为他"不慈",夺回了他的官印;管仲出于公心而国人诽谤怨恨他等故事里。

说 一

孔子相卫,弟子子皋为狱吏,刖人足,所跀者守门。人有恶孔子于卫君者,曰:"尼欲作乱。"卫君欲执孔子。孔子走,弟子皆逃,子皋从出门,跀危引之而逃之门下室中,吏追不得。夜半,子皋问跀危曰:"吾不能亏主之法令而亲跀之之足,是子报仇之时也,而子何故乃肯逃我?我何以得此于子?"跀危曰:"吾断足也,固吾罪当之,不可奈何。然方公之欲治臣也,公倾侧法令,先后臣以言,欲臣之免也甚,而臣知之。及狱决罪定，公慨然不悦，形于颜色，臣见又知之。非私臣而然也，夫天性仁心固然也。此臣之所以悦而德公也。"

田子方从齐之魏，望翟黄乘轩骑驾出①。方以为文侯也，移车异路而避之，则徒翟黄也。方问曰："子奚乘是车也？"曰："君谋欲伐中山，臣荐翟角而谋得；果且伐之，臣荐乐羊而中山拔；得中山，忧欲治之，臣荐李克而中山治。是以君赐此车。"方曰："宠之称功尚薄。"

秦、韩攻魏，昭卯西说而秦、韩罢；齐、荆攻魏，卯东说而齐、荆罢。魏襄王养之以五乘将军。卯曰："伯夷以将军葬于首阳山之下，而天下曰：'夫以伯夷之贤与其称仁，而以将军葬，是手足不掩也。'今臣罢四国之兵，而王乃与臣五乘，此其称功，犹赢胜而履屩。"

孔子曰："善为吏者，树德；不能为吏者，树怨。概者，平量者也；吏者，平法者也。治国者，不可失平也。"

少室周者，古之贞廉洁悫者也，为赵襄主力士。与中牟徐子角力，不若也，入言之襄主以自代也。襄主曰："子之处，人之所欲也，何为言徐子以自代？"曰："臣，以力事君者也。今徐子力多臣，臣不以自代，恐他人言之而为罪也。"

一曰：少室周为襄主骖乘②，至晋阳，有力士牛子耕与角力，而不胜。周言于主曰："主之所以使臣骑（顾广圻曰"骑"当作"骖"）乘者，以臣多力也。今有多力于臣者，愿进之。"

说　一

孔子担任卫国的宰相，他的学生子皋担任主管刑罚的官吏，子皋砍掉了一个犯人的脚派被砍掉脚的人守城门。后来，有人在国君那里中伤孔子，说："孔丘想叛乱。"卫君要捉拿孔子，孔子逃跑了，他的学生们都四散逃走。子皋从后门逃出城时，这个被砍掉脚的看门人引子皋逃到城门旁的暗室中，因而官吏没有捉住子皋。到了半夜，子皋问守门人说："当初我因为坚守法令而砍了你的脚，今天正是你报仇的时候，你为什么要带我逃走呢？"守门人说："我受断足之刑，是我罪有应得，是没有办法的事。然而当您初审此案时，您仔细揣摩法令，多次为我说话，很想使我免去酷刑，这一切我是知道的。等到案子了结，罪行

判定,您面有愁容,我也知道您的好心。这并不是您私心偏袒我才会这样,而是您的天性和仁爱之心的表现。这就是我之所以报答您的原因。"

田子方从齐国到魏国,远远看到翟黄坐着有篷的高车,后面跟着一大群骑马的随从出来,田子方以为是魏文侯,便把车赶到旁边路上回避,可是走近却见是翟黄。田子方问翟黄说:"先生怎么会乘坐这么高级的车啊?"翟黄说:"君王想谋划攻打中山国,我推荐翟角,谋划成功了。君王将要攻打中山国,我推荐乐羊,而得以占领中山国;得到了中山国,君王又为中山国的治理忧虑,我推荐李克,而中山国得到了治理,所以君王赏赐给我这辆车子。"田子方说:"君王的宠爱和你的功劳比较起来,赏赐还是薄了一点。"

魏国遭到秦国、韩国的联合围攻,昭卯到西面游说,秦、韩两国就退了兵。魏国又被齐国和楚国联合围攻,昭卯又到东面游说,齐、楚两国就收了兵。魏襄王用方圆三十里的俸禄来供养他。昭卯说:"伯夷死后,后人用将军的葬礼把他葬在首阳山下。这时,天下的人议论说:'像伯夷那么贤德,那么仁义的人,而只用普通将军的礼仪安葬他,这草率得好像连他的手和脚都没有掩埋好一样。'如今我阻止了四国的军队,而君王才给我五乘将军的待遇,这好比一个赚了大钱的人却穿草鞋一样的不协调。"

孔子说:"会做官的人会注意在百姓当中树立德行,不会树立德行的人就在百姓当中树立怨恨。概,是称量粮食时刮平斗升的器具;官吏,也像它一样是持平法律政令的人员,治理国家的人员要保持公正。"

有一位叫少室周的人,是赵襄主忠诚、廉洁的卫士。他与中牟县一个叫徐子的人角斗比力气,但是输给了徐子。他就对赵襄主说了这件事,并且请求让徐子来代替自己的职位。赵襄主说:"你的位置是人们都向往得到的,你为什么要让徐子代替你呢?"少室周回答说:"我是凭勇力为您服务的,现在徐子的勇力超过了我。如果我不让他来代替我,我担心别人把这件事告诉您,您会怪罪我。"

关于此事的另一种说法是:少室周是赵襄主的车乘卫士。一天,驾车到了晋阳,晋阳有个大力士叫牛子耕,少室周与他角斗比力气,少室周比不过他。于是少室周向赵襄主汇报说:"君主之所以派我担任您的保驾卫士,是因为我力气大,现在有一个比我力气更大的人,我愿意把他推荐给您。"

说 二

齐桓公将立管仲,令群臣曰:"寡人将立管仲为仲父。善者入门而左,不善者入门而右。"东郭牙中门而立。公曰:"寡人立管仲为仲父,令曰:'善者左,不善者右。'今子何为中门而立?"牙曰:"以管仲之智,为能谋天下乎?"公曰:"能。""以断,为敢行大事乎?"公曰:"敢。"牙曰:"君(顾广圻曰"君"当作"若")知能谋天下,断敢行大事,君因专属之国柄焉,以管仲之能,乘公之势以治齐国,得无危乎?"公曰:"善。"乃令隰朋治内、管仲治外以相参①。

晋文公出亡,箕郑挈壶餐而从,迷而失道,与公相失,饥而道泣,寝饿而不敢食。及文公反国,举兵攻原,克而拔之。文公曰:"夫轻忍饥馁之患而必全壶餐,是将不以原叛。"乃举以为原令。大夫浑轩闻而非之曰:"以不动壶餐之故,怙②其不以原叛也,不亦无术乎?"故明主者,不恃其不我叛也,恃吾不可叛也;不恃其不我欺也,恃吾不可欺也。

阳虎议曰:"主贤明,则悉心以事之;不肖,则饰奸而试之。"逐于鲁,疑于齐,走而之赵,赵简主迎而相之。左右曰:"虎善窃人国政,何故相也?"简主曰:"阳虎务取之,我务守之。"遂执术而御之。阳虎不敢为非,以善事简主,兴主之强,几至于霸也。

鲁哀公问于孔子曰:"吾闻古者有夔一足,其果信有一足乎?"孔子对曰:"不也,夔非一足也。夔者忿戾恶心,人多不说喜也。虽然,其所以得免于人害者,以其信也。人皆曰:'独此一,足矣。'夔非一足也,一而足也。"哀公曰:"审而是,固足矣。"

一曰:哀公问于孔子曰:"吾闻夔一足,信乎?"曰:夔,人也,何故一足?彼其无他异,而独通于声③。尧曰:'夔一而足矣。'使为乐正。故君子曰:'夔有一,足。'非一足也。"

韩 非 子

说 二

　　齐桓公想要立管仲为仲父，对众大臣下令说："我想要立管仲为仲父。同意的进门后站在左边，不同意的人站在右边。"东郭牙进门后，偏偏站在中间。齐桓公说："我立管仲为仲父，我说的是：'同意的站左边，不同意的站右边。'你为什么要站在中间？"东郭牙说："凭管仲的智慧您认为他可以谋取天下吗？"桓公说："能。"东郭牙说："凭他的果断，他敢干一番大事业吗？"桓公说："敢。"东郭牙又说："假如管仲的智慧和果断能谋天下和敢干大事，您把国家的权力完全托付给他一人。凭管仲的才干和您的权势来治理整顿齐国，能够没有危险吗？"桓公说："你说得对。"于是下令隰朋治理内部事物，管仲管理外部事物，让他们分权并立。

　　晋文公出国流亡，箕郑提着饭食跟着，迷了路，与文公相互走散。箕郑饿的在路上哭，饿极了也不敢吃饭。等到文公回国后，举兵攻打原国，战胜并夺取了原国。文公说："箕郑忍受饥饿的痛苦，坚决保全君主的饭食，这样的人将不会凭借原国背叛我。"于是提拔他做原国的守令。晋大夫浑轩听后，反对这件事，说："因为他不动君主的饭食，就信赖他不会凭借原国背叛君主，不也是没有治国之术吗？"因此，英明的君主，不是依仗别人不背叛我，而是依仗我是不可背叛的；不是依赖别人不欺骗我，而是依赖我是不能被欺骗的。

　　阳虎议论说："君主贤明，做臣子的就会全心全意侍奉他；君主不贤明，做臣子的就会掩饰坏念头而去试探他。"结果他被鲁国驱逐，被齐国怀疑，被迫逃到赵国。赵简子迎接他，反而任命他为宰相。左右侍从说："阳虎会篡夺别人的政权，为什么还要任用他为宰相呢？"赵简子说："阳虎会致力夺取政权，但我会致力保卫政权。"于是赵简子利用权术驾驭他。阳虎不敢做坏事，并好好地侍奉赵简子，使赵简子的国家兴盛强大起来，几乎能够称霸天下。

　　鲁哀公问孔子说："我听说古代有个人叫夔，只有一足，难道真的有一足之人吗？"孔子回答说："不是的，夔不是只有一足。夔残暴狠心，人们多半不喜欢他。虽然如此，他之所以能不被人们伤害，是因为他守信用。人们都说：'仅仅这一点，就足够了。'夔不是只有一只脚，而是只有这一点就足够了。"哀公说：

"如果确实是这样,当然就足够了。"

还有一种说法:鲁哀公对孔子说:"我听说夔只有一只脚,是这样的吗?"孔子回答说:"夔是人,为什么只有一只脚呢?他和别人并没有什么不同,唯独是精通音乐。尧说:'夔有这一点就足够了。'便派他担任乐正这个官职。所以君子说'夔有这一点就足够了',而不是只有一只脚。"

说 三

文王伐崇,至凤黄虚,袜系解,因自结。太公望曰:"何为也?"王曰:"君(顾广圻曰"君"上当有"上"字)与处,皆其师;中,皆其友;下,尽其使也。今皆先君(《集解》误为"王",据乾道本改正)之臣,故无可使也。"

一曰:晋文公与楚战,至黄凤之陵,履系解,因自结之。左右曰:"不可以使人乎?"公曰:"吾闻:上,君所与居,皆其所畏也;中,君之所与居,皆其所爱也;下,君之所与居,皆其所侮也。寡人虽不肖,先君之人皆在,是以难之也。"

季孙好士,终身庄,居处衣服常如朝廷。而季孙适懈,有过失,而不能长为也。故客以为厌易己,相与怨之,遂杀季孙。故君子去泰去甚。

一曰:南宫敬子问颜涿聚曰:"季孙养孔子之徒,所朝服与坐者以十数而遇贼,何也?"曰:"昔周成王近优侏儒以逞其意①,而与君子断事,是能成其欲于天下。今季孙养孔子之徒,所朝服而与坐者以十数,而与优侏儒断事,是以遇贼。故曰:不在所与居,在所与谋也。"

孔子侍坐于鲁哀公,哀公赐之桃与黍。哀公曰:"请用。"仲尼先饭黍而后啖桃,左右皆掩口而笑。哀公曰:"黍者,非饭之也,以雪桃也。"仲尼对曰:"丘知之矣。夫黍者,五谷之长也,祭先王为上盛。果蓏有六,而桃为下;祭先王不得入庙。丘之闻也,君子以贱雪贵,不闻以贵雪贱。今以五谷之长雪果蓏之下,是从上雪下也。丘以为妨义,故不敢以先于宗庙之盛也。"

赵简子谓左右曰:"车席泰美。夫冠虽贱,头必戴之;屦虽贵,足必履之。今车席如此大美,吾将何屦以履之?

【注释】

①优:优伶,古代以诙谐歌舞取悦于人的人。侏儒:矮人。②枭:猛禽,此指一种像猛禽的棋子。

夫美下而耗上，妨义之本也。"

　　费仲说纣曰："西伯昌贤，百姓悦之，诸侯附焉，不可不诛；不诛，必为殷祸。"纣曰："子言义主，何可诛？"费仲曰："冠虽穿弊，必戴于头；履虽五采，必践之于地。今西伯昌，人臣也，修义而人向之，卒为天下患，其必昌乎！人人（顾广圻曰下"人"字当作"臣"）不以其贤为其主，非可不诛也。且主而诛臣，焉有过？"纣曰："夫仁义者，上所以劝下也。今昌好仁义，诛之不可。"三说不用，故亡。

　　齐宣王问匡倩曰："儒者博乎？"曰："不也。"王曰："何也？"匡倩对曰："博者贵枭②，胜者必杀枭。杀枭者，是杀所贵也。儒者以为害义，故不博也。"又问曰："儒者弋乎？"曰："不也。弋者，从下害于上者也，是从下伤君也。儒者以为害义，故不弋。"又问："儒者鼓瑟乎？"曰："不也。夫瑟以小弦为大声，以大弦为小声，是大小易序，贵贱易位。儒者以为害义，故不鼓也。"宣王曰："善。"仲尼曰："与其使民谄下也，宁使民谄上。"

说　三

　　周文王攻打崇国，到了凤黄虚，袜带子松了，便自己把袜带系上。太公望说："为什么不叫别人系上呢？"周文公说："与国君相处的人，上等人，都是自己的老师；中等人，都是自己的朋友；下等人，都是自己使唤的人。现在相处的都是先君的旧臣，所以没有可以使唤的人。"

　　另一种说法是：晋文公和楚国人打仗，到了黄凤陵，鞋带子散了，于是自己把袜带系上。左右侍从说："不能叫别人系上吗？"晋文公说："我听说：上等人，国君和他们相处，是因为他们都是自己敬畏的人；中等人，国君和他们相处，是因为他们都是自己喜爱的人；下等人，国君与他们相处，是因为他们都是自己所侮弄的人。我虽然没有才能，但先君的旧臣都在这里，所以难以使唤他们。"

　　季孙喜欢读书人，一生都很庄重，在日常生活中的穿着就像在朝廷里一样。而季孙也懈怠了一次，因为他不能长期这样庄重，就出了差错。所以门客以为他厌恶自己，非常恨他，所以杀掉了季孙。所以君子做事要舍弃过分的做法和极端的行为。

另一种说法是：南宫敬子问颜涿聚说："季孙供养孔子的弟子，穿着朝服和他一起坐着的有几十个人，然而还是被杀害了，为什么呢？"颜涿聚回答说："过去周成王靠接近歌舞艺人、亲近侏儒来自娱，却和君子一起决定政事，这样他就能在天下实现自己的愿望。现今季孙供养孔子的弟子，穿着朝服和他一起坐着的有几十个人，他却与歌舞艺人和供人取乐的侏儒一起决定政事，因此便被杀害。所以说：不在于和什么人相处，而在于和什么人谋划政事。"

孔子陪鲁哀公坐，鲁哀公赐给他桃子与黍。哀公说："请吃吧。"孔子先吃黍而后吃桃子，左右的侍从都捂着嘴巴笑。哀公说："黍不是用来吃的，是用来洗桃子的。"孔子回答说："我知道的。黍米是五谷之长，在祭祀先王的时候是上等的祭品。瓜果有六种，桃子是最下品，祭祀先王的时候，是不准进入庙堂的。我听说，君子用下等的东西去清洗贵重的东西，没有听说过用贵重的东西去清洗下等的东西。现在用五谷之长清洗瓜果当中的下品，这是用贵重的东西清洗下贱的东西。我认为这样是不合情理的，所以不敢把桃子放在宗庙的祭品之前来吃。"

赵简子对左右侍臣说："车上的席子美得过分了。帽子即使差一些，但必定戴在头上，鞋子虽然昂贵，但必定踩在脚下。现在车席美得这样过分，我将穿什么样的鞋踩在上面才相称呢？美化低下的，损耗上等的，这是伤害了道义的根本。"

费仲劝告纣王说："西伯侯姬昌贤明，百姓都喜欢他，诸侯们都依附他，必须把他杀掉。如果不杀掉他，他一定会成为商朝的祸害。"商纣王说："既然你说他是一个贤能的诸侯，怎么可以杀呢？"费仲说："帽子虽然破旧，必定是戴在头上；鞋子虽然华美，必定踩在地上。现在西伯昌是您的臣子，他实行仁义，人心都向着他。最终成为天下祸害之人的，恐怕一定是西伯昌！臣子不用他的贤能为君主效忠，非杀不可。况且君主诛杀臣子有什么过错呢？"商纣王说："仁义，是君主用来劝勉下面的人的。现在西伯昌好行仁义，杀他不合适。"费仲再三劝说，纣王始终不采纳他的意见，所以商纣终于灭亡了。

齐宣王问匡倩说："儒家弟子下棋吗？"匡倩说："不玩。"齐宣王说："为什么不玩呢？"匡倩回答说："下棋的双方都以枭形的棋子为贵重。胜利的一方必然要杀死对方的枭，杀枭就是杀尊贵者。儒家学者认为这是有害道义的，所以不玩下棋的游戏。"宣王又问："儒家学者射鸟吗？"匡倩说："不射。射鸟就是下面的伤害上面的，就好像臣子杀害君王一样。儒家认为这是有害道义的,所以不射。"齐宣王又问:"儒生弹琴吗?"匡倩说:"不弹。瑟的小弦弹出来的声音大,大弦弹出来的声音反而小,这就是交换了大小的次序、贵贱的位置。儒家认为这是有害道义的,所以不弹。"宣王说:"好。"孔子说:"与其让百姓讨好臣子,倒不如让百姓讨好君主。"

说 四

钜者,齐之居士;屐者,魏之居士①。齐、魏之君不明,不能亲照境内,而听左右之言,故二子费金璧而求入仕也。

西门豹为邺令,清克洁悫,秋毫之端无私利也,而甚简左右。左右因相与比周而恶之。居期年,上计,君收其玺。豹自请曰:"臣昔者不知所以治邺,今臣得矣,愿请玺,复以治邺。不当,请伏斧锧之罪。"文侯不忍而复与之。豹因重敛百姓,急事左右。期年,上计,文侯迎而拜之。豹对曰:"往年臣为君治邺,而君夺臣玺;今臣为左右治邺,而君拜臣。臣不能治矣。"遂纳玺而去。文侯不受,曰:"寡人曩不知子,今知矣。愿子勉为寡人治之。"遂不受。

齐有狗盗之子与刖危子戏而相夸。盗子曰:"吾父之裘独有尾。"

刖危子曰:"吾父独冬不失裤。"

子绰曰:"人莫能左画方而右画圆也。以肉去蚁,蚁愈多;以鱼驱蝇,蝇愈至。"

桓公谓管仲曰:"官少而索者众,寡人忧之。"管仲曰:"君无听左右之请,因能而受禄,录功而与官,则莫敢索官。君何患焉?"

韩宣子曰:"吾马菽粟多矣,甚臞,何也?寡人患之。"周市对曰:"使驺尽粟以食,虽无肥,不可得也,名为多与之,其少,虽无臞,亦不可得也。主不审其情实,坐而患之,马犹不肥也。"

桓公问置吏于管仲,管仲曰:"辩察于辞,清洁于货,习人情,夷吾不如弦商,请立以为大理②。登降肃让,以明礼待宾,臣不如隰朋,请立以为大行③。垦草仞(俞樾曰"仞"当作'胁')邑,辟地生粟,臣不如宁戚,请以为大田④。三军既成陈,使士视死如归,臣不如公子成父,请以为大司马⑤。

【注释】

①钜、屐:都是假设的人物。②大理:官名,掌管刑狱。③大行:官名,掌管朝廷礼宾仪式。④大田:官名,主管农事。⑤司马:官名,主管军事。

犯颜极谏,臣不如东郭牙,请立以为谏臣。治齐,此五子足矣。将欲霸王,夷吾在此。"

说 四

　　钜,是齐国的隐士;屏,是魏国的隐士。齐国、魏国的君主不明智,不能亲自洞察国内的事,而偏要听信左右侍从的话,所以两个人花费金钱、美玉去求得官职。

　　西门豹担任邺县的县令,清正廉洁,明察秋毫,但对君主身边的侍从却十分轻慢。君主身边的心腹于是勾结起来说他坏话。过了一年,当他向朝廷汇报政绩的时候,君主就收回了他的官印。西门豹亲自向君主请求说:"我过去不知道怎样治理邺县,现在我找到了治理方法,我希望您发给我官印,让我再去治理邺县。如果我做的不符合君主的意思,我愿意接受腰斩的死罪。"魏文侯不忍心拒绝,又把官印还给他。西门豹因此加紧搜刮民财,急切地贿赂君主身边的心腹。一年后,他又向朝廷申报政绩,文侯亲自迎接并拜谢他。西门豹回拜说:"往年我替您治理邺县,您却夺掉我的官印;现在我替您的心腹治理邺县,您却向我施礼。我不能治理邺县了。"于是交还官印后离去。文侯挽留他说:"我以前不了解你,现在了解了。希望你努力为我治理邺县。"于是不接受西门豹交还的官印。

　　齐国有一个盗狗的人的儿子,和一个因为犯罪被砍了脚的人的儿子开玩笑,他们互相夸耀自己的父亲。盗贼的儿子说:"只有我父亲的皮袍子有尾巴。"被砍脚的人的儿子说:"唯独我的父亲冬天才穿裤子。"

　　子绰说:"一个人不能同时左手画方形而右手画圆形。用肉赶走蚂蚁,蚂蚁会越来越多;用鱼驱赶苍蝇,苍蝇来得更欢。"

　　齐桓公对管仲说:"我担心官位少,而求官的人多。"管仲说:"您不要听身边的人的请求,要根据才能授予俸禄,凭功劳给予官职。那样就没有人敢要求官职了。您担忧什么呢?"

　　韩宣子说:"我的马饲料很多,马却很瘦,这是为什么呢?我对此很担忧。"周市回答说:"让养马的用全部的豆子、谷子来喂马,如果还不肥,那是不可能的。名义上是多给马吃,实际上得很少,如果不消瘦,也是不可能的。君主不详细考察实际情况,却坐在那里担忧,马仍然不会肥。"

　　齐桓公问管仲关于设立官吏的事情,管仲说:"对言辞能辨

别清楚,对财物能够廉洁而不贪,熟悉人们的实际情况,这方面我不如弦商,请立他为掌管刑狱的官吏。用庄严的礼仪上下朝廷,用恭谨的方式对待君臣,用明确的礼节接待外宾,在这方面,我不如隰朋,请任命他担任掌管礼仪的官吏。开垦荒地,缴纳赋税,生产粮食,这方面我不如宁戚,请任命他担任掌管农业的官吏。军队布好阵势准备战斗的时候,能使士兵视死如归,这方面我不如成父,请任命他担任大司马的官职。敢于当面规劝君主,这方面我不如东郭牙,请任命他为身边的谏臣。如果只想把齐国治理好,有这五位能人就足够了;如果还想成就霸业,那么有我管仲在这里。"

说 五

孟献伯相晋,堂下生藿藜,门外长荆棘,食不二味,坐不重席,晋无衣帛之妾,居不粟马,出不从车。叔向闻之,

【注释】

①旗章:各种

以告苗贲皇。贲皇非之曰:"是出主之爵禄以附下也。"

一曰:孟献伯拜上卿,叔向往贺,门有御,马不食禾。向曰:"子无二马二舆,何也?"献伯曰:"吾观国人尚有饥色,是以不秣马;班白者多徒行,故不二舆。"向曰:"吾始贺子之拜卿,今贺子之俭也。"向出,语苗贲皇曰:"助吾贺献伯之俭也。"苗子曰:"何贺焉?夫爵禄旗章①,所以异功伐、别贤不肖也。故晋国之法,上大夫二舆二乘,中大夫二舆一乘,下大夫专乘,此明等级也。且夫卿必有军事,是故循(王渭曰"循"当作"修")车马,比卒乘,以备戎事,有难,则以备不虞;平夷,则以给朝事。今乱晋国之政,乏不虞之备,以成节,以洁私名。献伯之俭也可与?又何贺?"

管仲相齐,曰:"臣贵矣,然而臣贫。"桓公曰:"使子有三归之家②。"曰:"臣富矣,然而臣卑。"桓公使立于高、国之上。曰:"臣尊矣,然而臣疏。"乃立为仲父。孔子闻而非之曰:"泰侈逼上③。"

一曰:管仲父出,朱盖青衣,置鼓而归,庭有陈鼎,家有三归。孔子曰:"良大夫也,其侈逼上。"

孙叔敖相楚,栈车牝马,粝饼菜羹,枯鱼之膳,冬羔裘,夏葛衣,面有饥色,则良大夫也,其俭逼下。

阳虎去齐走赵,简主问曰:"吾闻子善树人。"虎曰:"臣居鲁,树三人,皆为令尹;及虎抵罪于鲁,皆搜索于虎也。臣居齐,荐三人,一人得近王,一人为县令,一人为候吏;及臣得罪,近王者不见臣,县令者迎臣执缚,候吏者追臣至境上,不及而止。虎不善树人。"主俯而笑曰:"夫树柤梨橘柚者,食之则甘,嗅之则香(此四字《集解》脱,据乾道本补);树枳棘者,成而刺人。故君子慎所树。"

说 五

孟献伯做了晋国的宰相,他的房前长满了野草,大门外长满了荆棘,吃饭不吃两份菜,座位上不铺两层席子,家里的女人不穿丝绸服装,不用粮食喂马,出门从不用副车跟随。叔向听说后,将这些告诉了楚国的宰相苗贲皇。苗贲皇反对说:"这是抛弃君主赐予的爵禄来讨好臣民啊!"

另一种说法是:孟献伯被任命为上卿,叔向前往祝贺,看见他门前拉车的马吃的是带秸秆的谷物。叔向说:"先生您没有两辆车、两匹马,这是为什么呢?"献伯说:"我看见都城里的人还有饥饿的神色,所以我不用粮食喂马。还有很多头发斑白的老人在路上徒步行走,所以我不用两辆车。"叔向说:"刚才我祝贺您被封为上卿,现在我祝贺您节俭的美德。"叔向出来后,将这件事告诉了苗贲皇:"帮我去祝贺献伯的节俭吧。"苗贲皇说:"祝贺什么呀!你知道,官位、俸禄、旗帜、图章之类,是用来区别功过或有无贤能的标志。所以晋国有明文规定:上大夫二车八马,中大夫二车四马,下大夫一车四马。这是用来表明社会等级的。况且,担任卿大夫职位的人,一定有军务要承担,所以要修整车马,配上士卒,用来准备打仗。如果国家有难,这样做可以防备意外,平时这些车马就用来供上朝议事之需。现在,孟献伯搅乱了晋国的既定法令,使防备意外的物质变得缺乏,并借此来成全自己的好品德,来让自己获得节俭的名声。献伯这种节俭难道是正确的吗?有什么值得祝贺的呢?"

管仲做齐国的宰相,他说:"我已经很显贵了,但是仍然贫穷。"桓公说:"让你拥有和商税十分之三相当的私家收入。"管仲说:"我富裕了,但地位低下。"齐桓公将他的地位立在齐国的高侯、国懿仲两大家族之上。管仲说:"我地位高了,但与君主的关系疏远了。"齐桓公授予他"仲父"的称号。孔子听到后指责他说:"臣子太放纵了,就会威胁君主。"

另一种说法是:管仲外出,坐的车子是朱红色的车盖和青色的车幔,回家时用鼓乐开路,庭院里陈设大鼎,家里又有与商税十分之三相当的私家收入。孔子说:"管仲是一个优秀的大夫,但他太奢侈了,这会威胁君主的地位。"

孙叔敖做楚国的宰相,坐什木做的简易棚车,用母马拉车,吃粗米饭,喝蔬菜汤,用干鱼改善伙食,冬天只穿羊皮袭,夏天只穿葛布衣,面带饥色,这实在是一位优秀的大夫,但他的节俭威胁到了居他之下的人。

阳虎离开齐国逃到赵国,赵简子问道:"我听说你善于培养人才。"阳虎说:"我在鲁国培养了三个人都成了宰相;等我在鲁国犯了罪,他们都帮朝廷来搜查我。我在齐国推荐了三个人,一个成了齐王的近臣,一个成了县令,一个成了守卫边防的官;等我犯了罪,亲近齐王的不见我,当县令的迎面捉拿捆绑我,守边防的官在边境上追赶我,因为赶不上我才停下。

【注释】

①宾位：吊唁时宾客的位置与主人的位置相对。宾位表示不是十分亲近的关系。②"拥"：应作"壅"，堵塞、阻碍的意思。

我不善于培养人。"赵简子俯身笑着说："种植梨子、橘子、柚子，结的果吃起来都是甜的，闻起来是香的；种植枳树、棘树，长大后反而刺人。所以君子栽培人时，要谨慎。"

中牟无令，晋（《集解》误为"鲁"，据乾道本改正）平公问赵武曰："中牟，吾国之股肱，邯郸之肩髀，寡人欲得其良令也，谁使而可？"武曰："邢伯子可。"公曰："非子之雠也？"曰："私雠不入公门。"公又问曰："中府之令，谁使而可？"曰："臣子可。"故曰："外举不避雠，内举不避子。"赵武所荐四十六人于其君（"于其君"三字乾道本无，王先慎据《太平御览》及《初学记》补），及武死，各就宾位①，其无私德若此也。

平公问叔向曰："群臣孰贤？"曰："赵武。"公曰："子党于师人。"向曰："武立如不胜衣，言如不出口，然所举士也数十人，皆令得其意，而公家甚赖之。况武子之生也不利于家，死不托于孤，臣敢以为贤也。"

解狐荐其雠于简主以为相。其雠以为且幸释己也，乃因往拜谢。狐乃引弓迎而射之，曰："夫荐汝，公也，以汝能当之也。夫雠汝，吾私怨也，不以私怨汝之故，拥汝于吾君②。"故私怨不入公门。

一曰：解狐举邢伯柳为上党守，柳往谢之，曰："子释罪，敢不再拜？"曰："举子，公也；怨子，私也。子往矣，怨子如初也。"

郑县人卖豚，人问其价。曰："道远日暮，安暇语汝。"

中牟县没有县令，晋平公问赵武说："中牟县是我国非常重要的地方，就像邯郸的胳膊和大腿一样，我想找一个优秀的县令，派谁去好呢？"赵武说："派邢伯子可以。"平公说："他不是您的仇人吗？"赵武说："私人的怨仇不带到公事中来。"平公又问："管理内府的官员，选派谁好呢？"赵武说："我的儿子可以。"所以说："推举外人不避开仇人，推举家中的人不避开儿子。"赵武一生向国君推荐了六十四人，等到他去世的时候，这些人都作为宾客前来吊唁，可见赵武是一个不对任何人私下亲近的人。

晋平公问叔向说："哪位大臣最贤明？"叔向回答说："赵武。"

平公说:"你偏袒你的上级。"叔向说:"赵武站着的时候,好像连衣服都撑不起一样谦让,说话的时候好像连话都说不出口一样谨慎。可是他推荐的几十个大臣,都能发挥才能,同时国家也很依靠他们。何况,赵武活着的时候,不谋私利,死后也不把自己的孩子托付给君主。所以我认为赵武是一个贤臣。"

解狐向赵简主推荐自己的仇人当宰相,他的仇人认为解狐消除了对自己的私恨,就前去解狐家拜谢。解狐却拉开弓箭迎面射他,说:"我推荐你是出于公心,因为你能胜任这个职务;我恨你,这是我的私恨,我不能因私恨的缘故阻碍国君选拔人才。"所以说,私家的怨恨不应带到公事中来。

另一种说法是:解狐推荐刑伯柳担任上党的郡守,刑伯柳前去道谢,说:"你原谅了我的过失,我怎敢不来拜谢?"解狐说:"我推荐你,是为公;怨恨你,是为私。你走吧,我还像从前一样怨恨你。"

郑县有个卖猪的人,有人问他价钱。他说:"路远,天色已晚,我哪有空告诉你价钱。"

说 六

范文子喜直言,武子击之以杖:"夫直议者,不为人所容,无所容,则危身,非徒危身,又将危父。"

子产者,子国之子也。子产忠于郑君,子国谯怒之曰:"夫介异于人臣,而独忠于主。主贤明,能听汝;不明,将不汝听。听与不听未可必知,而汝已离于群臣。离于群臣,则必危汝身矣。非徒危己也,又且危父也。"

梁车新为邺令,其姊往看之,暮而后,门闭,因逾郭而入。车遂刖其足。赵成侯以为不慈,夺之玺而免之令。

管仲束缚,自鲁之齐,道而饥渴,过绮乌封人而乞食①。乌封人跪而食之,甚敬。封人因窃谓仲曰:"适幸,及齐不死而用齐,将何报我?"曰:"如子之言,我且贤之用,能之使,劳之论②。我何以报子?"封人怨之。

【注释】

①封人:防守边界的官吏。②论:这里是承认的意思。

说 六

范文子说话很直,他的父亲便用拐杖打他,说:"说直话的

人难以被人容忍,不能被人容忍,自身就危险。不仅自身有危险,而且会危害到你的父亲。"

子产是子国的儿子。子产忠于郑国国君,子国愤怒地责备他:"你高高在上,与一般臣子不同,却独自忠于君主。如果君主贤明,他还能听你的;君主不贤明,将不听你的。听还是不听,不一定能知道,而你已经远离了群臣。远离了群臣,一定会危害到自己。这不只是危害到你自己,又将危害到你父亲。"

梁车刚被任命为邺县的县令,他的姐姐前去看他。天色已晚,她才到达邺城,而城门已关上,于是就翻墙进城。梁车因此砍了她的脚。赵成侯认为梁车不讲慈爱,收回了官印,免了他县令的官职。

管仲被捆绑起来,从鲁国送到齐国,在路上感到又饥又渴,经过绮乌守边境的官吏身边,向他乞讨食物。绮乌边境的官吏跪着喂他吃东西,十分恭敬。边境的官吏私下悄悄地对管仲说:"假如幸运的话,你到了齐国而不死并能被齐国重用,你将拿什么来报答我?"管仲说:"倘若真的像你所说的,我将重用贤人,使用有才能的人,论功行赏。我能用什么来报答你呢?"边境的官吏听了后非常生气。

外储说右上

君所以治臣者有三:

经 一

势不足以化则除之。师旷之对,晏子之说,皆合(顾广圻曰"合"当作"舍")势之易也而道行之难,是与兽逐走也,未知除患。患之可除,在子夏之说《春秋》也:"善持势者,蚤绝其奸萌。"故季孙让仲尼以遇势①,而况错之于君乎?是以太公望杀狂矞,而臧获不乘骥。嗣公知之,故不驾鹿。薛公知之,故与二栾博。此皆知同异之反也。故明主之牧臣也,说在畜乌。

经 二

人主者,利害之辔衔也②,射者众,故人主共矣。是以

【注释】

①遇:通"耦",对等。②辔:古代一种轻巧的小型马车。毂:车轮的中心,有孔可以插轴的地方。

好恶见则下有因,而人主惑矣;辞言通则臣难言,而主不神矣。说在申子之言"六慎",与唐易之言弋也。患在国羊之请变,与宣王之太息也。明之以靖郭氏之献十珥也,与犀首、甘茂之道穴闻也。堂溪公知术,故问玉卮;昭侯能术,故以听独寝。明主之道,在申子之劝独断也。

经 三

术之不行,有故。不杀其狗,则酒酸。夫国亦有狗,且左右皆社鼠也。人主无尧之再诛,与庄王之应太子,而皆有薄媪之决蔡妪也。知贵、不能,以教歌之法先揆之。吴起之出爱妻,文公之斩颠颉,皆违其情者也。故能使人弹疽者,必其忍痛者也。

君主用来管理臣子的方法有三种:

经 一

君主的权势如果不能教化臣子,就把他除掉。师旷对齐景公的回答,晏婴对齐景公的劝说,都是放弃了容易掌握的权势,而去走一条难行的路。这就好像与野兽赛跑,不知道要除掉祸患。祸患可以除掉,体现在子夏解释《春秋》的话中:"善于掌握势的人,及早清除坏事的萌芽。"所以季孙氏因为孔子的门徒滥用了和他对等的权力而责备孔子,更何况把这种情况加在国君身上呢?因此太公吕望杀掉狂矞,就像奴仆不能乘坐良马而杀掉它一样。卫嗣公知道这个道理,所以不用如耳这样的"鹿"来驾车;薛公田文懂得这个道理,所以在与两个孪生子赌博时用权术控制他们。这些人都知道君臣的利益是相反的。因此英明的君主能支配臣子,具体的解说体现在驯养乌鸦的故事中。

经 二

君主像是利害聚积的车毂,众人追求利益的欲望都向辐条射向车毂一样投向它,所以君主成了众人共同对准的目标。君主的好恶态度表现出来了,就会被臣下利用而投其所好,君主就会被迷惑了;君主把臣下的言语泄露出去,那么奸臣当道,真正的有识之士就难以进言,这样,君主就会耳目闭塞而不神明了。上述论点的说明体现在申子所讲的君主要在六个方面谨慎,和唐易鞠所讲的射飞鸟的道理中。祸患表现在国羊请求改错,和韩宣王叹息的故事中。用靖郭君献十个玉制耳环,和犀首的话被甘茂从洞中偷听到的事例,也可以说明这个道理。堂谿公知道统治之术,所以提出无底的玉制酒杯能否装酒的问题;韩昭侯能运用统治之术,因此听了堂谿公的话就单独睡觉。英明君主的治国之道,表现在申子劝说君主遇事要"独断"的议论里。

经 三

法"术"得不到推行,是有原因的。卖酒的不杀掉他的狗,他的酒就会因为卖不出去而变酸。国家也有咬人的恶狗,而且君主的左右侍从都像土地庙里的老鼠。君主不像尧那样两次杀掉反对者,不像楚庄王那样答复太子;而都像薄媪那样由蔡巫婆来决断。要知道谁高明谁无能,用教唱歌的方法来测试他们。吴起休掉爱妻,晋文公斩杀宠臣颠颉,都因他们是违背自己感情的人。因此能让人用针刺痈疽的人,一定是能忍受痛苦的人。

以上为经文。

说 一

赏之誉之不劝,罚之毁之不畏,四者加焉不变,则其除之。

齐景公之晋,从平公饮,师旷侍坐。始坐,景公问政于师旷曰:"太师将奚以教寡人?"师旷曰:"君必惠民而已。"中坐,酒酣,将出,又复问政于师旷曰:"太师奚以教寡人?"曰:"君必惠民而已矣。"景公出之舍,师旷送之,又问政于师旷。师旷曰:"君必惠民而已矣。"景公归,思,未醒,而得师旷之所谓:公子尾、公子夏者,景公之二弟也,甚得齐民,家富贵而民说之,拟于公室,此危吾位者也。今谓我惠民者,使我与二弟急民耶?于是反国,发廪粟以赋众贫,散府馀财以赐孤寡,仓无陈粟,府无馀财,宫妇不御者出嫁之,七十受禄米。鬻德惠施于民也,已与二弟争民。居二年,二弟出走,公子夏逃楚,公子尾走晋。

说 一

奖励和称赞不能使他受到鼓励,对处罚和诽谤不能使他感到畏怕,把奖励、称赞、处罚和诽谤四种都加在他身上,也不能改

变他的人,这种人就应该除掉。

齐景公到晋国,陪伴晋平公饮酒,师旷陪坐。坐下后,景公向师旷询问治政之道,说:"太师拿什么来教导我?"师旷说:"国君一定要对民众施加恩惠。"宴会中间,酒兴正浓时,师旷将要出去,景公又向师旷请教治国之道,说:"太师有什么可以要教导我?"师旷说:"国君一定要对民众施加恩惠。"景公出来后要到馆舍去,师旷送他,景公又向他问治国之道。师旷说:"国君一定要对民众施加恩惠。"景公回到馆舍之后,思考师旷的话,酒还没有醒,就悟出了师旷的话:原来公子尾、公子夏是景公的两个弟弟,他们很得齐国的民心,他们家境富裕而且民众很爱戴他们,他们的声望和财产几乎可以与国君相比,这样就会威胁到君主的地位。现在师旷教我对人民施恩惠,这不是让我和两个弟弟争夺民心吗?于是,景公返回齐国以后,将仓库的粮食施舍给贫苦百姓,将府库的财物赏赐给孤儿寡母,仓库里没有陈年的粮食,府库里没有多余的财物,将没有与国君往来的宫女嫁出去,年满七十的老人享受国家供给的粮食。齐景公施恩德于百姓,以此来与两个弟弟争民心。这样过了两年,公子夏逃到楚国,公子尾逃到晋国。

景公与晏子游于少海,登柏寝之台而还望其国,曰:"美哉!泱泱乎,堂堂乎!后世将孰有此?"晏子对曰:"其田成氏乎!"景公曰:"寡人有此国也,而曰田成氏有之,何也?"晏子对曰:"夫田成氏甚得齐民。其于民也,上之请爵禄行诸大臣,下之私大斗斛区釜以出贷,小斗斛区釜以收之。杀一牛,取一豆肉,馀以食士。终岁,布帛取二制焉①,馀以衣士。故市木之价,不加贵于山;泽之鱼盐龟鳖蠃蚌,不贵于海。君重敛,而田成氏厚施。齐尝大饥,道旁饿死者不可胜数也,父子相牵而趋田成氏者,不闻不生。故秦周之民相与歌之曰:'讴乎,其已乎!苞乎,其往归田成子乎!'《诗》曰:'虽无德与女,式歌且舞。'今田成氏之德而民之歌舞,民德归之矣。故曰:'其田成氏乎。'"公泫然出涕曰:"不亦悲乎?寡人有国而田成氏有之。今为之奈何?"晏子对曰:"君何患焉?若君欲夺之,则近贤而远不肖,治其烦乱,缓其刑罚,振贫穷而恤孤寡,行恩惠而给不足,民将归君,则虽有十田成氏,其如君何?"

【注释】

①二制:古时以一匹绸布为一制。②王良:古代传说中的驾车能手。③楼季:传说中善于攀登和奔跑的人。④臧获:下贱的奴隶。

或曰：景公不知用势，而师旷、晏子不知除患。夫猎者，托车舆之安，用六马之足，使王良佐辔②，则身不劳而易及轻兽矣。今释车舆之利，捐六马之足与王良之御，而下走逐兽，则虽楼季之足③，无时及兽矣。托良马固车，则臧获有馀④。国者，君之车也；势者，君之马也。夫不处势以禁诛擅爱之臣，而必德厚以与天下齐行以争民，是皆不乘君之车，不因马之利，舍车而下走者也。故(《集解》误为"或"，据乾道本改正)曰：景公，不知用势之主也；而师旷、晏子，不知除患之臣也。

子夏曰："《春秋》之记臣杀君、子杀父者，以十数矣。皆非一日之积也，有渐而以至矣。"凡奸者，行久而成积，积成而力多，力多而能杀，故明主蚤绝之。今田常之为乱，有渐见矣，而君不诛。晏子不使其君禁侵陵之臣，而使其主行惠，故简公受其祸。故子夏曰："善持势者，蚤绝奸之萌。"

齐景公和晏子到渤海游玩，他们登上一个叫柏寝的高台，回头远望齐国的都城，景公说："真壮美啊！多么富丽堂皇！后世谁将能拥有它呢？"晏子回答说："大概是田成子吧！"景公说："这是我的国家，你却说田成子将拥有它，为什么呢？"晏子回答说："田成子深得齐国民心。他对民众的做法是：向上请求官位俸禄给予各个大臣，向下则自制大斗、大斛等量器借出粮食给民众，而用小斗、小斛收回归还的粮食。他杀一头牛，自己只取一大碗肉，剩下的都分给读书人。年底，他自己只要征收来的两匹丝绸，其余的都给士人做衣裳。他在集市上做买卖时，卖出木材的价钱，不比山里贵，卖出的盐、鱼、蚌之类，不比海边的贵。国君您对民众重征厚税，而田成子却慷慨施舍。有一次齐国发生大饥荒，路边饿死的人不可胜数，但扶老携幼投奔田氏的没听说有饿死的。因此齐国广大民众都在同声歌唱：'歌唱吧，无尽的歌唱，想要吃饱啊，还是归向田成子吧！'他们还用《诗经》上的话说：'虽然没有什么恩德给你们，你们却又唱又跳。'现在田成氏有恩德，百姓已在为他歌舞，百姓都要归向田成氏了。所以我说：'大概是田成氏将要拥有这个国家了吧。'"景公听了眼泪汪汪地说："这不是很可悲吗！我拥有的国家将要被田成氏拥有，现在我该怎么办呢？"晏子回答说："您有什么值得忧虑的呢？

如果您想夺回来,您就亲贤臣远小人,整顿混乱的局面,放宽刑罚,救济贫穷,施行恩惠,资助不富足的人,百姓将归依您。即使有十个田成氏,那又怎么样呢?"

有人说:景公不知道使用权势,而师旷、晏子不知道除掉祸患。打猎的人,凭借安稳的车厢,使用六匹马的脚力,让善于驾车的王良帮助驾车,那么本人不劳累就轻易地赶上轻捷的野兽了。现在放弃便利的车厢,丢掉六匹马的脚力和驾车的王良,却下车奔跑追赶野兽,那么即使有楼季的双脚,也不会有赶上野兽的时候;凭借良马和坚固的车子,就是奴仆打猎也会身有余力。国家,好比君主的车子;权势,如同君主的马匹。不掌握权势来禁止和诛罚擅施仁爱的臣子,却一定要用深厚的仁德与天下各国一齐行动来争夺民心,这都是不乘坐君主的车子,不凭借马的便利,放弃车子而下车奔跑的人。所以说,景公是不知道使用权势的君主,而师旷、晏子是不知道除掉祸患的臣子。

子夏说《春秋》上记载臣子杀害君主、儿子杀死父亲的事,数以十计。这都不是一天积累起来的,而是逐渐发展到这种地步的。"凡是干坏事的,阴谋活动时间久了,势力就积累起来了,势力积累起来了,力量就大了,力量大了才能谋杀君主,所以英明的君主应及早断绝他们发展的途径。现在田成子作乱,是逐步表现出来的,国君却不诛罚他。晏子不让他的国君消除侵犯君主利益的臣子,而让他的君主施加恩惠,所以齐简公才遭到灾祸。所以子夏说:"善于掌握权势的人,及早消除掉坏事的萌芽。"

季孙相鲁,子路为郈令[①]。鲁以五月起众为长沟,当此之时,子路以其私秩粟为浆饭,要作沟者于五父之衢而食之。孔子闻之,使子贡往覆其饭,击毁其器,曰:"鲁君有民,子奚为乃食之?"子路怫然怒,攘肱而入,请曰:"夫子疾由之为仁义乎?所学于夫子者,仁义也;仁义者,与天下共其所有而同其利者也。今以由之秩粟而食民,其不可何也?"孔子曰:"由之野也!吾以女知之,女徒未及也。女故如是之不知礼也?女之食("食"《集解》误为"飡",据乾道本改正,下同)之,为爱之也。夫礼,天子爱天下,诸侯爱境内,大夫爱官职,士爱其家,过其所爱曰侵。今鲁君有民而子擅爱之,是子侵也,不亦诬乎?"言未卒,而季孙使者至,让曰:"肥也起民而使之,先生使弟子止徒役而食

【注释】
①郈:鲁国季孙氏的封地。②太公望:姜太公。

韩非子

之,将夺肥之民耶?"孔子驾而去鲁。以孔子之贤,而季孙非鲁君也,以人臣之资,假人主之术,蚤禁于未形,而子路不得行其私惠,而害不得生,况人主乎!以景公之势而禁田常之侵也,则必无劫弑之患矣。

太公望东封于齐②,齐东海上有居士曰狂矞、华士昆弟二人者立议曰:"吾不臣天子,不友诸侯,耕作而食之,掘井而饮之,吾无求于人也。无上之名,无君之禄,不事仕而事力。"太公望至于营丘,使执而杀之以为首诛。周公旦从鲁闻之,发急传而问之曰:"夫二子,贤者也。今日飨国而杀贤者,何也?"太公望曰:"是昆弟二人立议曰:'吾不臣天子,不友诸侯,耕作而食之,掘井而饮之,吾无求于

人也。无上之名,无君之禄,不事仕而事力。'彼不臣天子者,是望不得而臣也;不友诸侯者,是望不得而使也;耕作而食之,掘井而饮之,无求于人者,是望不得以赏罚劝禁也。且无上名,虽知,不为望用;不仰君禄,虽贤,不为望功。不仕,则不治;不任,则不忠。且先王之所以使其臣民者,非爵禄则刑罚也。今四者不足以使之,则望当谁为君乎?不服兵革而显,不亲耕耨而名,又所以教于国也。今有马于此,如骥之状者,天下之至良也。然而驱之不前,却之不止,左之不左,右之不右,则臧获虽贱,不托其足。臧获之所愿托其足于骥者,以骥之可以追利辟害也。今不为人用,臧获虽贱,不托其足焉。已自谓以为世之贤士而不为主用,行极贤而不用于君,此非明主之所臣也,亦骥之不可左右矣,是以诛之。"

　　季孙氏担任鲁国的宰相,子路担任邱这个地方的县令。鲁国在五月发动民众挖长沟,在开挖时,子路拿出自己的俸禄做成稀饭,在路边请挖沟的人吃稀饭。孔子听说了这件事,就派子贡去倒掉他的饭,砸破他的器皿,说:"鲁国国君拥有这些民众,你为什么要给他们饭吃?"子路非常愤怒,挽着袖子走进去,对孔子说:"夫子痛恨我施行仁义吗?我从您那儿学到的就是仁义。仁义,就是和天下人共同占有财富,享受利益。现在拿我的俸粮给百姓吃,又有什么不可以呢?"孔子说:"仲由竟然这样粗野啊!我以为你懂得这个道理啊。原来你不懂啊!你给他们饭吃,是因为你爱他们。但是按照礼的规定,天子爱天下的民众,诸侯爱封国的百姓,大夫爱他官职以内的人,士人爱他的家人。超过范围去爱,就是侵犯了别人的权力。现在鲁国国君拥有的百姓,你却擅自仁爱他们,这就是你侵犯了君主的权力。这不是胆大妄为吗?"孔子的话音未落,季孙的使者就到了。他责怪孔子说:"季孙发动民众并驱使他们,先生的弟子却给民工们饭吃,这是要争夺季孙的民众吗?"孔子无话可说,只得驾起车子离开了鲁国。像孔子这样的贤德,尚且会受猜疑。季孙虽不是鲁国的君主,他凭借大臣的资格,借用君主的权术,能及早杜绝危害于未然,从而使子路的私恩得不到施行,使得危害不会发生,更何况君主呢!如果用景公的权势来禁止田常争取民众的僭越行为，就一定不会有被劫持、残杀的祸害了。

　　姜太公被封在东边的齐国，齐国东边海上有两位隐士，一个叫狂矞，一个叫华士，这两兄弟发表言论说："我们不做天子的臣民，不做诸侯的朋友，我们自己耕田吃饭，挖井饮水，我们无求于别人。不要君主赐的名声，不要君主给的俸禄，不做官而从事体力劳动。"姜太公到齐国的营丘，派人把他们抓起来杀了，使他们成为第一个被开刀的对象。周公旦在鲁国，听说此事后，赶紧派快人询问此事，说："他们兄弟俩是有名的贤人，您刚来齐国便杀贤人是什么道理？"姜太公说："他们兄弟俩商议说：'我们不做天子的臣民，不做诸侯的朋友，自己耕田吃饭，挖井喝水，无求于人。不要君主赐予的名声与俸禄，不当官为君主效力。'他们不做天子的臣民，这样我就不能使他们臣服；不做诸侯的朋友，我就不能指派他们；他自己耕作吃饭，挖井饮水，无求于别人，这样我就不能用奖赏、惩罚来鼓励或禁止他们；不要君主给的名声，他们虽然有智慧，但不能为我所用；不靠君主的俸禄，虽然他们贤能，但不能为我建立功绩；不做官，就不能被我约束；不接受俸禄，就谈不上忠于职守。而且先王之所以能使唤他的臣民，不是靠爵禄，就是靠刑罚，现在这四方法宝都不足以驱使他们，那我还做谁的君主呢？不从军打仗却显贵，不参加耕种却有名声，这不是用来教化国人的正确途径。如果现在有一匹马，形体像千里马，是天下最好的马。但是赶它而它不前进，叫它停下而它不停下，叫它往左而不向左，叫它往右而不向右，即使低贱无知的奴婢，也不会利用他的脚力。奴婢之所以愿意利用良马，是因为良马可以获得利益，避免危害。如果良马不肯供人使用，即使奴婢也不愿用它的。这样，他们自以为是世上的贤人，却不肯为君主所用，品行虽极好，却不肯为君主效劳，这不是英明君主所需要的臣子，如同良马不可以使唤一样，所以我要诛杀他们。"

　　一曰：太公望东封于齐。海上有贤者狂矞，太公望闻之，往请焉，三却马于门而狂矞不报见也，太公望诛之。当是时也，周公旦在鲁，驰往止之；比至，已诛之矣。周公旦曰："狂矞，天下贤者也，夫子何为诛之？"太公望曰："狂矞也议不臣天子，不友诸侯，吾恐其乱法易教也，故以为首诛。今有马于此，形容似骥也，然驱之不往，引之不前，虽臧获不托足以旋其轸也①。"

　　如耳说卫嗣公，卫嗣公说而太息。左右曰："公何为不

【注释】

①轸：马车后面的横木，这里代指马车。②栾：同"孪"，双胞胎。

相也?"公曰:"夫马似鹿者而题之千金,然而有千金之马而无千金之鹿者,何也?马为人用而鹿不为人用也。今如耳,万乘之相也,外有大国之意,其心不在卫,虽辩智,亦不为寡人用,吾是以不相也。"

薛公之相魏昭侯也,左右有栾子者曰阳胡、潘其[2],于王甚重,而不为薛公。薛公患之,于是乃召与之博,予之人百金,令之昆弟博;俄又益之人二百金。方博有间,谒者言客张季之子在门,公怫然怒,抚兵而授谒者曰:"杀之!吾闻季之不为文也。"立有间。时季羽在侧,曰:"不然。窃闻季为公甚,顾其人阴未闻耳。"乃辍不杀客,大礼之,曰:"曩者闻季之不为文也,故欲杀之;今诚为文也,岂忘季哉!"告廪献千石之粟,告府献五百金,告驺私厩献良马固车二乘,因令奄将宫人之美妾二十人并遗季也,栾子因相谓曰:"为公者必利,不为公者必害,吾曹何爱不为公?"因私竞劝而遂为之。薛公以人臣之势,假人主之术也,而害不得生,况错人主乎!

夫驯乌者断其下翎焉。断其下翎,则必恃人而食,焉得不驯乎?夫明主畜臣亦然,令臣不得不利君之禄,不得无服上之名。夫利君之禄,服上之名,焉得不服?

另一种说法是:太公吕望在东方受封于齐。海边有一个贤士叫狂矞,太公吕望听说了前去拜见他,多次在他门前停马而狂矞不答应见面,太公吕望就杀了他。这时,周公姬旦恰好在鲁国,驱马前往齐国想要制止他;等到周公赶到时,太公望已经杀了狂矞。周公姬旦说:"狂矞,是天下贤明的人,您为什么杀掉他?"太公吕望说:"狂矞主张不向天子称臣,不和诸侯交友,我恐怕他扰乱法制,改变国家的政令,所以把他作为第一个开刀的对象。现在有一匹马在这里,形体毛色像千里马,但是驱赶它却不走,拉它却不前进,即使是奴仆也不会依托他的脚力来拉车子。"

卫国的大夫如耳到卫嗣公那里游说,卫嗣公听了很高兴,但是长长地叹了一口气。他身边的侍从说:"你为什么不任用他做宰相呢?"卫嗣公说:"一匹像鹿的马而标价千金,但是有价值千金的马却没有价值千金的鹿,那是为什么呢?因为马能被人使用,鹿不能被人使用。现在如耳是做万乘大国的相才,有出外到大国谋职的意思,他的心不在卫国。虽然他善辩、聪明,也不能为我所用,因此不能任命他为宰相。"

薛公田文做魏昭侯的相,魏王的左右侍从有一对孪生子叫阳胡、潘其,很受魏王的器重,却不为薛公卖力。薛公对此很忧虑,于是召来和他们赌博,给他们每人百金,让他们兄弟二人赌博;一会儿又给每人增加二百金。才赌了一会儿,通报的官吏说:门客张季的儿子在门外。薛公勃然大怒,握住兵器交待通报官说:"杀掉他!我听说张季不替我卖力。"站了一会儿,当时张季的党羽正好在身边,他说:"不是这样。我私下听说张季为您挺卖力,只是这个人在暗中卖力,您没听说过罢了。"于是薛公停下来不杀门客,反而厚礼相待,说:"以前听说张季不替我卖力,所以想杀他;现在确实为我卖力,我哪敢忘记张季呢?"便命令管粮仓的人送他千担粮食,通知管府库的人送他五百金,通知养马的人给他八匹良马、两辆坚固的车子,还命令宦官把宫中二十个美女送给张季。这对孪生子于是相互说:"为薛公卖力一定得利,不替薛公卖力一定有害,我们还吝惜自己的力气不为薛公效劳吗?"于是私下里争相劝勉,这二人到底还是为薛公效劳了。薛公以大臣的势力,假借君主的权术,就能使祸害不发生,更何况君主采用这种权术呢?

驯养乌鸦的人必须剪断乌鸦翅膀和尾巴下的羽毛。剪断了它翅膀和尾巴下的羽毛,乌鸦就必须靠人喂养才能存活,它哪敢不驯服呢?英明的君主供养大臣也是这样的。使大臣不得不贪图君主的俸禄和名位。他们贪图俸禄和名位,又怎敢不驯服呢?

说 二

申子曰:"上明见,人备之;其不明见,人惑之。其知见,人饰之;不知见,人匿之。其无欲见,人司之;其有欲见,人饵之。故曰:'吾无从知之,惟无为可以规之。'"

一曰:申子曰:"慎而言也,人且知女;慎而行也,人且随女。而有知见也,人且匿女;而无知见也,人且意女。女有知也,人且臧女;女无知也,人且行女。故曰:惟无为可以规之。"

田子方问唐易鞠曰:"弋者何慎?"对曰:"鸟以数百目视子,子以二目御之,子谨周子廪。"田子方曰:"善。子加之弋,我加之国。"郑长者闻之曰:"田子方知欲为廪,而未得所以为廪。夫虚无无见者,廪也。"

【注释】
①孺子:王妾中有名号者。②犀首:公孙衍。

一曰：齐宣王问弋于唐易子，曰："弋者奚贵？"唐易子曰："在于谨廪。"王曰："何谓谨廪？"对曰："鸟以数十目视人，人以二目视鸟，奈何其不谨廪也？故曰'在于谨廪'也。"王曰："然则为天下，何以异此廪？今人主以二目视一国，一国以万目视人主，将何以自为廪乎？"对曰："郑长者有言曰：'夫虚静无为而无见也。'其可以为此廪乎！"

国羊重于郑君，闻君之恶己也，侍饮，因先谓君曰："臣适不幸而有过，愿君幸而告之。臣请变更，则臣免死罪矣。"

客有说韩宣王，宣王说而太息。左右引王之说之曰（"曰"迂评本作"以"）先告客以为德。

靖郭君之相齐也，王后死，未知所置，乃献玉珥以知之。

一曰：薛公相齐，齐威王夫人死，有十孺子皆贵于王①，薛公欲知王所欲立，而请置一人以为夫人。王听之，则是说行于王，而重于置夫人也；王不听，是说不行，而轻于置夫人也。欲先知王之所欲置以劝王置之，于是为十玉珥而美其一而献之。王以赋十孺子。明日坐，视美珥之所在而劝王以为夫人。

甘茂相秦惠王，惠王爱公孙衍，与之间有所言，曰："寡人将相子。"甘茂之吏道穴闻之，以告甘茂。甘茂入见王，曰："王得贤相，臣敢再拜贺。"王曰："寡人托国于子，安更得贤相？"对曰："将相犀首②。"王曰："子安闻之？"对曰："犀首告臣。"王怒犀首之泄，乃逐之。

说 二

申不害说："君主表现出他的明察，做臣子的就会防备他；如果君主不表现出他的明察，做臣子的就会感到迷惑。君主的智慧表现出来了，臣子就会美化君主；君主的表现愚蠢，臣子就会蒙蔽他；君主没有追求，臣子就会窥测他；君主表现出有欲望，臣子就会引诱他。所以说：我的心思没有被人臣知道，只要用诚实的态度来对待我，就算是知道我的心思了。"

另一种说法是：申不害说："说话谨慎，人们就要了解你，行动慎懂，人们就会随和你；显露出有智慧，人们就要隐瞒你，你

的愚蠢显露出来,人们就要算计你。你表现有智慧,人们将会躲避你,你若没有智慧,人们将对你采取行动。所以说:臣子只有不要心眼才可以说是窥见了我的心思。"

田子方问唐易鞠曰:"射鸟的人为什么要谨慎呢?"唐易鞠回答说:"鸟儿用几百只眼睛看着你,你只能用两只眼睛防备它们,你必须谨慎地把你的谷仓建得严密些。"田子方说:"说得好。你把这个道理用在射鸟上,我把这个道理用在治国上。"郑长者听到这个事情,说:"田子方知道要建谷仓,但是不懂建谷仓的方法。虚静无为而不轻易地表明态度,才能守护好谷仓。"

另一种说法是:齐宣王向唐易鞠问射飞鸟的事,说:"对射鸟的人来说什么最重要?"唐易鞠说:"最重要的是谨慎地守好严密的谷仓。"齐宣王说:"为什么说要谨慎地守好严密的谷仓?"唐易鞠回答说:"鸟用几十只眼睛看人,人用两只眼睛看着鸟,怎能不谨慎地守好严密的谷仓呢?所以说'在于谨慎地守好谷仓'。"齐宣王说:"如此说来,那么治理天下,用什么方法守这样的'谷仓'呢?现在国君用两只眼睛看着全国,全国的人用数以万计只眼睛看着君主,将用什么方法来谨慎地守好严密的'谷仓'呢?"唐易鞠回答说:"郑长者有这样的话:'虚静无为而不表明态度。'恐怕可以用来守好天下的'谷仓'吧!"

国羊被郑君重用,听说郑君讨厌自己,因此他在伺候郑君饮酒时,先对郑君说:"我刚才不幸有过错,希望您能告诉我。请允许我改正过来,我就可以免除死罪了。"

有一位向韩宣王游说的说客,韩宣王很满意但却叹了一口长气。宣王的左右侍从把宣王喜欢说客的态度争先告诉他来做人情。

靖郭君田婴做齐国的宰相,齐威王的王后死了,不知该再立谁为王后,靖郭君就奉献珠玉耳环来探知该谁当皇后。

另一种说法是:薛公即靖郭君田婴做齐国的宰相,齐威王的夫人死了,宫中有十个美妾都深受齐王宠爱。薛公想知道齐王要立谁,便请求立一个人为夫人。若齐威王听他的,这个建议在齐王那里得以实行,就会看重立夫人这件事;如果齐威王不听他的,这个建议不能实行,就会轻视立夫人这件事。薛公想先知道齐王想立谁,以便劝王立这个人,于是制作了十对珠玉耳环献给齐威王,把其中一对做得特别漂亮。齐威王将珠玉耳环分给十个美妾。第二天陪坐时,看特别漂亮的耳环戴在谁身上,就劝齐威王立她为夫人。

韩非子

甘茂做秦惠王的宰相,惠王宠爱公孙衍,跟公孙衍密谈的时候说:"我将要任用你做宰相。"甘茂的下属偷听到这个消息,就告诉甘茂。甘茂于是进宫拜见惠王,说:"恭喜大王得到了一个好宰相。"秦惠王说:"我已经将国事拜托给你了,怎么会再有好宰相呢?"甘茂说:"你准备立公孙衍为宰相。"惠王说:"你从哪里听说的?",甘茂回答说:"是公孙衍告诉我的。"惠王对公孙衍泄密非常生气,于是就把他赶走了。

一曰:犀首,天下之善将也,梁王之臣也。秦王欲得之与治天下。犀首曰:"衍,人臣也,不敢离主之国。"居期年,犀首抵罪于梁王。逃而入秦,秦王甚善之。樗里疾,秦之将也,恐犀首之代之将也,凿穴于王之所常隐语者①,俄而王果与犀首计,曰:"吾欲攻韩,奚如?"犀首曰:"秋可矣。"王曰:"吾欲以国累子,子必勿泄也。"犀首反走再拜曰:"受命。"于是樗里疾已道穴听之矣。郎中皆曰:"兵秋起攻韩,犀首为将。"于是日也,郎中尽知之;于是月也,境内尽知之。王召樗里疾曰:"是何匈匈也?何道出?"樗里疾曰:"似犀首也。"王曰:"吾无与犀首言也,其犀首何哉?"樗里疾曰:"犀首也羁旅,新抵罪,其心孤,是言自嫁于众。"王曰:"然。"使人召犀首,已逃诸侯矣。

堂谿公谓昭侯曰:"今有千金之玉卮通而无当②,可以盛水乎?"昭侯曰:"不可。""有瓦器而不漏,可以盛酒乎?"昭侯曰:"可。"对曰:"夫瓦器,至贱也,不漏,可以盛酒。虽有千金之玉卮,至贵而无当,漏,不可盛水,则人孰注将哉?今为人主而漏其群臣之语,是犹无当之玉卮也。虽有圣智,莫尽其术,为其漏也。"昭侯曰:"然。"昭侯闻堂谿公之言,自此之后,欲发天下之大事,未尝不独寝,恐梦言而使人知其谋也。

一曰:堂谿公见昭侯曰:"今有白玉之卮而无当,有瓦卮而有当。君渴,将何以饮?"君曰:"以瓦卮。"堂谿公曰:"白玉之卮美而君不以饮者,以其无当耶?"君曰:"然。"堂谿公曰:"为人主而漏泄其群臣之语,譬犹玉卮之无当也。"堂谿公每见而出,昭侯必独卧,惟恐梦言泄于妻妾。

申子曰:"独视者谓明,独听者为聪。能独断者,故可以为天下主。"

【注释】
①隐语者:密语处。②卮:一种酒杯。

译文

另一种说法是:公孙衍是天下的良将,也是梁王的大臣。秦惠王想与他一起治理国家,公孙衍说:"我是梁王的大臣,我不敢离开自己君主的国家。"过了一年,公孙衍因被梁惠王治罪而逃到秦国,秦王对他非常好。樗里疾是秦国的大将,他担心公孙衍会替代他的大将地位,就在秦王经常密谈的地方凿了一个洞。没过多久,秦王果然与公孙衍密谋起来,秦王说:"我想攻打韩国,你看怎么样?"公孙衍说:"今年秋天可以。"秦王说:"我想把国家重任交给你,你一定不能泄漏出去。"公孙衍后退几步行礼说:"我愿接受大王的使命。"这时樗里疾正从洞孔里偷听到他们的谈话。于是这个消息很快在官廷官员中传开了,说:"到了秋天,秦国就要出兵攻打韩国,由公孙衍做大将。"当天朝廷中的臣吏都知道了,一个月之内,全国的百姓都知道了此事。秦王察觉后,召见樗里疾说:"外面为什么这样喧哗?这消息是怎么传出来的?"樗里疾说:"好像是公孙衍说的。"秦王说:"我没有与公孙衍谈过这件事,说公孙衍传出去是什么道理?"樗里疾说:"公孙衍是在秦国做客的人,刚受过梁王的处罚,心里孤独,才编出这番话来在众人面前卖弄。"秦王说:"对。"就派人去叫公孙衍来,公孙衍已经逃到别的诸侯国去了。

堂谿公对魏昭侯说:"现在有一只价值千金的玉杯,但是没有杯底,这玉杯可以装水吗?"昭侯说:"当然不行。"堂谿公又问:"现在有用陶土做的器皿不漏,可以用来装酒吗?"昭侯说:"可以。"堂谿公对昭侯说:"陶器是最不值钱的东西,只要不漏,就可以装酒。相反,即使是价值千金,但没有底的玉杯,却不可以装水,那么谁还会往里倒东西呢?现在做君主的,把群臣的话泄露出去,就像没有底的玉杯一样。即使君主有很高的智慧,却没有群臣向他供献谋略。这是因为他泄露了秘密。"昭侯说:"对,是这样。"昭侯听了堂谿公的话,从此以后,凡是要着手干非常重大的事情,他总会单独睡觉,生怕梦话被妻妾听到而泄露秘密,从而让人知道自己的计划。

另一种说法是:堂谿公参见韩昭侯说:"假如有用白玉制的酒杯却没有底,有用陶器制作的酒杯而有底。您渴了,将用什么饮酒?"韩昭侯说:"用陶器酒杯。"堂谿公说:"白玉酒杯漂亮,您却不用它饮酒,是因为它没有底吗?"韩昭侯说:"是的。"堂谿公说:"做君主的泄漏群臣的话,就好像玉制酒杯没有底那样。"从此以后,堂谿公每次参见昭侯出来,韩昭侯一定单独睡觉,唯恐说梦话而向妻妾泄露了秘密。

申不害说："能够一个人独立看清事理叫作明，能够一个人独立辩明事理叫作聪，能够一个人独立决断大事，就可以成为天下的王。"

说 三

宋人有酤酒者，升概甚平①，遇客甚谨，为酒甚美，县帜甚高，然而不售，酒酸。怪其故，问其所知。问长者杨倩，倩曰："汝狗猛耶？"曰："狗猛，则酒何故而不售？"曰："人畏焉。或令孺子怀钱挈壶罋而往酤，而狗迓而龁之，此酒所以酸而不售也。"夫国亦有狗，有道之士怀其术而欲以明万乘之主，大臣为猛狗迎而龁人，此人主之所以蔽胁，而有道之士所以不用也。故桓公问管仲曰："治国最奚患？"对曰："最患社鼠矣。"公曰："何患社鼠哉？"对曰："君亦见夫为社者乎？树木而涂之，鼠穿其间，掘穴托其中。熏之，则恐焚木；灌之，则恐涂阤。此社鼠之所以不得也。今人君之左右，出则为势重而收利于民，入则比周而蔽恶于君。内间主之情以告外②，外内为重，诸臣百吏以为富。吏不诛则乱法，诛之则君不安，据而有之，此亦国之社鼠也。"故人臣执柄而擅禁，明为己者必利，而不为己者必害，此亦猛狗也。夫大臣为猛狗而龅有道之士矣，左右又为社鼠而间主之情，人主不觉。如此，主焉得无壅，国焉得无亡乎？

一曰：宋之酤酒者有庄氏者，其酒常美。或使仆往酤庄氏之酒，其狗龅人，使者不敢往，乃酤佗家之酒。问曰："何为不酤庄氏之酒？"对曰："今日庄氏之酒酸。"故曰：不杀其狗则酒酸。

桓公问管仲曰："治国何患？"对曰："最苦社鼠。夫社，木而涂之，鼠因自托也。熏之则木焚，灌之则涂阤，此所以苦于社鼠也。今人君左右，出则为势重以收利于民，入则比周谩侮蔽恶以欺于君。不诛则乱法，诛之则人主危，据而有之，此亦社鼠也。"故人臣执柄擅禁，明为己者必利，不为己者必害，亦猛狗也。故左右为社鼠，用事者为猛狗，则术不行矣。

【注释】
①升概：这里指卖酒的量具。②外：这里指朝廷大臣。③鯀：人名。

　　尧欲传天下于舜。鲧谏曰③**："不祥哉！孰以天下而传之于匹夫乎？"尧不听，举兵而诛杀鲧于羽山之郊。共工又谏曰："孰以天下而传之于匹夫乎？"尧不听，又举兵而流共工于幽州之都。于是天下莫敢言无传天下于舜。仲尼闻之曰："尧之知舜之贤，非其难者也。夫至乎诛谏者、必传之舜，乃其难也。"一曰："不以其所疑败其所察，则难也。"**

说　三

　　宋国有一个卖酒的人，用的量具很准，对待客人也很殷勤，酿的酒也很纯美，悬挂的酒旗也很高、很显眼。但是酒卖不出去，变酸了。他不知是什么原因，就问那些知道的人。问到德高望重的杨倩，杨倩说："你的狗凶猛吗？"卖酒的人说："狗凶猛，为什么酒就卖不出去？"杨倩说："人们害怕狗。有人叫小孩子拿着钱，提着壶去买酒，狗却迎上去咬他。这就是酒变酸了而卖不出去的原因。"一个国家也有凶狗，有道之士怀有治国术想使万乘大国的君主明白治国的道理，大臣却像猛狗迎上去咬他们，这就是君主受蒙蔽被挟持，而有道之士不被重用的原因。因此齐桓公问管仲："治国最担忧什么？"管仲回答说："最担忧土地神坛的老鼠。"齐桓公说："为什么担忧土地神坛的老鼠？"管仲说："你难道没有看见建土地神坛的那些人吗？他们竖起木头，涂上泥巴。老鼠却在中间穿过，在里面打洞。用火熏它，又怕烧毁了木头。用水灌它，又怕泥土崩坏。这就是难以捉到土地庙里老鼠的原因。现在君主身边的侍从，在朝廷外就卖弄权势，从百姓当中获得利益，在朝廷内互相勾结，向君主隐瞒罪恶。在官内窥探君主的私情，并告诉朝外的同党。内外权重，臣子、百官因此富起来了。这些官吏若不被诛罚，就会扰乱法度。如果他们受到诛罚，君主又不得安宁。他们如果占有权力，这也是国家的老鼠。"所以臣子掌握了权柄，操纵了法令，向人们明确表示，为他卖力的就一定有好处，不肯为他卖力的就一定会遭殃，这也是恶狗啊。大臣像恶狗一样咬有法术的人；左右近侍之臣又像社鼠一样刺探君主内情，君主却察觉不到。像这样有恶狗和老鼠存在，君主怎么能不受蒙蔽？国家怎么能不灭亡呢？

　　另一种说法是：宋国有个卖酒的庄氏，他的酒做得非常好。

有个人叫仆人到庄氏那里去买酒，庄氏的狗咬人，仆人不敢前去，就随便买了别家的酒。主人问："你为什么不买庄氏的酒呢？"仆人回答说："今天庄氏的酒有点酸。"所以人们说："不杀掉恶狗，酒就是酸的。"

齐桓公问管仲说："治理国家最担忧的是什么？"管仲说："最担忧的是土地神坛的老鼠。土地神坛，树起木头，涂上泥，老鼠就住在里面。用火熏它，木头就要被烧坏，用水灌它，泥土要掉下来，这就是担心社鼠的原因。现在君主左右的侍从，在朝廷外就依仗权势勒索百姓的利益，在朝廷内就紧密勾结，对君主欺瞒他们的罪恶。不诛杀他们就扰乱法纪，诛杀他们君主就有危险，他们控制着君主，这也是社鼠啊。"所以人臣执掌权势，随意发号施令，向人们表明，为他们卖力的人一定会得到好处，不肯为他们卖力的人一定有祸害，这也是凶恶的狗啊。所以，左右侍从如社鼠，执政大臣如恶狗，那么君主治国之术就行不通了。

尧想把天下传给舜。鲧劝谏说："不吉利啊！谁会把天下传给一个普通百姓呢？"尧不接受他的劝谏，发兵把鲧诛杀在羽山的郊野。共工又劝谏说："怎么能把天下传给一个普通的百姓呢？"尧不接受共工的劝阻，又发兵把共工流放到幽州的都城。于是天下没有人再敢讲不要把天下传给舜。孔子听说后说："尧知道舜贤能，这不难。至于因为一定要把天下传给舜，而诛杀劝谏的人这才是他的难事。"另一种说法："不因为进谏的人提出的疑问去破坏自己明察的事，这才是真正的困难。"

荆庄王有茅门之法曰："群臣大夫诸公子入朝，马蹄践霤者，廷理斩其轴，戮其御。"于是太子入朝，马蹄践霤，廷理斩其轴，戮其御。太子怒，入，为王泣曰："为我诛戮廷理。"王曰："法者，所以敬宗庙、尊社稷。故能立法从令尊敬社稷者，社稷之臣也，焉可诛也？夫犯法废令不尊敬社稷者，是臣乘君而下尚校也。臣乘君，则主失威；下尚校，则上位危。威失位危，社稷不守，吾将何以遗子孙？"于是太子乃还走，避舍露宿三日，北面再拜请死罪。

一曰：楚王急召太子。楚国之法：车不得至于茆门。天雨，廷中有潦，太子遂驱车至于茆门。廷理曰："车不得至茆门。至茆门，非法也。"太子曰："王召急，不得须无潦。"遂驱之。廷理举殳而击其马，败其驾。太子入，为王泣曰：

【注释】

① 徵：中国传统音乐"五音"中的一个音阶。② 中：符合。

"廷中多潦,驱车至茆门,廷理曰'非法也',举殳击臣马,败臣驾。王必诛之。"王曰:"前有老主而不逾,后有储主而不属,矜矣!是真吾守法之臣也。"乃益爵二级。而开后门出太子:"勿复过!"

卫嗣君谓薄疑曰:"子小寡人之国以为不足仕,则寡人力能仕子,请进爵以子为上卿。"乃进田万顷。薄子曰:"疑之母亲疑,以疑为能相万乘所不窕也。然疑家巫有蔡妪者,疑母甚爱信之,属之家事焉。疑智足以信言家事,疑母尽以听疑也;然已与疑言者,亦必复决之于蔡妪也。故论疑之智能,以疑为能相万乘而不窕也;论其亲,则子母之间也;然犹不免议之于蔡妪也。今疑之于人主也,非子母之亲也,而人主皆有蔡妪。人主之蔡妪,必其重人也。重人者,能行私者也。夫行私者,绳之外也;而疑之所言,法之内也。绳之外与法之内,雠也,不相受也。"

韩 非 子

一曰：卫君之晋，谓薄疑曰："吾欲与子皆行。"薄疑曰："媪也在中，请归与媪计之。"卫君自请薄媪。曰（道藏本"曰"上有"薄媪"二字）："疑，君之臣也，君有意从之，甚善。"卫君曰："吾以请之媪，媪许我矣。"薄疑归，言之媪也，曰："卫君之爱疑奚与媪？"媪曰："不如吾爱子也。""卫君之贤疑奚与媪也？"曰："不如吾贤子也。""媪与疑计家事，已决矣，乃更请决之于卜者蔡妪。今卫君从疑而行，虽与疑决计，必与他蔡妪败之。如是，则疑不得长为臣矣。"

夫教歌者，使先呼而诎之，其声反清徵者①，乃教之。

一曰：教歌者，先揆以法，疾呼中宫，徐呼中徵。疾不中宫②，徐不中徵，不可谓教。

楚庄王有关于进入宫室第二道门的规定。群臣、大夫以及诸公子入朝，马蹄踏到茅门前屋檐下滴水沟，执法官可以斩断他的车辕，并可杀掉驾车的人。这时太子进朝，马蹄踏到了茅门前屋檐下的滴水沟，执法官斩断了他的车辕，杀掉了他的驾车人。太子很愤怒，入朝后，哭着对楚王说："请为我杀掉廷理。"楚王说："法令是用来尊重祖宗和国家的。能制定法令和遵守法令的，是国家的重臣，怎么可以杀掉呢？违犯法律、废除法令、不尊重国家，这就是臣子凌驾在君主之上、以下犯上。臣子凌驾于君主之上，君主就会失去威严；以下犯上，君位就危险。威严丧失，君位危险，国家就保不住。我将拿什么传给子孙呢？"于是太子转身就跑，离开房舍，露宿三天，面向北方拜了两拜请求给予死罪。

另一种说法是：楚庄王有急事召见太子。楚国的法律是：车子不能进到宫室的茆门。恰是天下雨，庭院里有积水，太子就赶车到了茆门。执法官廷理说："车不能进到茆门。到了茆门是违法的。"太子说："大王召见得急，不能等到没有积水再进来。"于是赶马前进。廷理举起兵器击打他的马，打烂了他的车子。太子入朝，对楚王哭着说："庭院里有很多积水，我赶车到茆门，廷理说'是违法的'，他举起兵器击打我的马，还打烂了我的车子。您一定要杀死他。"楚庄王说："前面有先君，他不越规办事；后面有太子，他不巴结，真是贤良啊！这人真是我守法的臣子。"于是给廷理提升两级爵位，却打开后门让太子出去，并告诫说："不要再犯这样的错误。"

卫嗣君对薄疑说："你小看我的国家，认为不值得你在这里做官，我却有力量让你做你想要做的官，我可以给你加爵，封你为上卿。"于是赐给他万顷的良田。薄疑说："我的母亲很爱我，认为以我的才能做万乘大国的宰相还有余力。但我家的巫婆中有一个姓蔡的老妇人，我母亲十分爱戴和信任她，把家里的事都交给她决定。凭我的智慧，足以处理好家里的事务，我的母亲也完全听从我。然而即使已经与我商量好的事，也还必须由蔡姬来决定。所以，无论我的智慧还是才能，我都有余力担任宰相这个职务。论亲近，是母亲与儿子之间；然而，即使这样但是还免不了要和蔡姬商量决定。现在我与君主并没母子之间的亲情，而君主的身边却有蔡姬这类人。君主身边的蔡姬，一定是权势重大的人；有权势的人，是能为自己谋私利的人。谋私利的人是逍遥在法律准绳之外的人；而我对君主所说的，都是法令范围之内的事。准绳之外与法律之内的事，是互相对立的，是不相容的。"

另一种说法是：卫嗣君到晋国去，对薄疑说："我想带你一同前往。"薄疑说："我的母亲在家中，请让我回去和她商量一下。"卫嗣君就亲自前去请问老妇人。薄疑的母亲就说："薄疑是您的臣子，您有意让他随行，那太好了。"于是卫嗣君对薄疑说："我已向你母亲请求过了，你母亲答应我了。"薄疑回到家，对母亲说："卫嗣君和您谁更爱护我呢？"薄母说："卫嗣君不如我爱护你。"薄疑说："卫嗣君对我的才德的赏识与您比怎么样？"薄母说："卫嗣君不如我认为你有才德。"薄疑说："母亲与我商量好的家事，即使已经决定了，还要请占卜蔡姬决定。现在卫嗣君让我跟他随行，虽然已和我决定计策，但一定会和他身边的像蔡姬那样的人败坏这个决定。如果是这样，我是不会长久当大臣的。"

教唱歌的人，首先让学唱歌的人放声直呼，然后让他变音转调，直到他的声调达到五音中清亮的徵音时才教他。

另一种说法是：教唱歌的人，首先用一定的方法测试学唱歌的人，急呼时要符合"宫"调，缓慢唱要符合"徵"调。如果急呼不符合"宫"调，慢唱不符合"徵"调，就不能受教。

吴起，卫左氏中人也，使其妻织组而幅狭于度。吴子使更之。其妻曰："诺。"及成，复度之，果不中度。吴子大怒。其妻对曰："吾始经之而不可更也①。"吴子出之。其妻请其兄而索人。其兄曰："吴子，为法者也。其为法也，且

【注释】

① 经：织布时横线叫纬，竖线叫

韩非子

欲以与万乘致功,必先践之妻妾然后行之,子毋几索入矣。"其妻之弟又重于卫君,乃因以卫君之重请吴子。吴子不听。遂去卫而入荆也。

经。经之:安排经线。②豆:古代的一种餐具。

一曰:吴起示其妻以组曰:"子为我织组,令之如是。"组已就而效之,其组异善。起曰:"使子为组,令之如是,而今也异善,何也?"其妻曰:"用财若一也,加务善之。"吴起曰:"非语也。"使之衣而归。其父往请之,吴起曰:"起家无虚言。"

晋文公问于狐偃曰:"寡人甘肥周于堂,卮酒豆肉集于宫②,壶酒不清,生肉不布,杀一牛遍于国中,一岁之功尽以衣士卒,其足以战民乎?"狐子曰:"不足。"文公曰:"吾弛关市之征而缓刑罚,其足以战民乎?"狐子曰:"不足。"文公曰:"吾民之有丧资者,寡人亲使郎中视事,有罪者赦之,贫穷不足者与之,其足以战民乎?"狐子对曰:"不足。此皆所以慎产也;而战之者,杀之也。民之从公也,为慎产也,公因而迎杀之,失所以为从公矣。"曰:"然则何如足以战民乎?"狐子对曰:"令无得不战。"公曰:"无得不战奈何?"狐子对曰:"信赏必罚,其足以战。"公曰:"刑罚之极安至?"对曰:"不辟亲贵,法行所爱。"文公曰:"善。"明日令田于圃陆,期以日中为期,后期者行军法焉。于是公有所爱者曰颠颉后期,吏请其罪,文公陨涕而忧。吏曰:"请用事焉!"遂斩颠颉之脊,以徇百姓,以明法之信也。而后百姓皆惧曰:"君于颠颉之贵重如彼甚也,而君犹行法焉,况于我则何有矣!"文公见民之可战也,于是遂兴兵伐原,克之。伐卫,东其亩,取五鹿。攻阳;胜虢;代曹;南围郑,反之陴。罢宋围,还与荆人战城濮,大败荆人,返为践土之盟,遂成衡雍之义。一举而八有功。所以然者,无他故异物,从狐偃之谋,假颠颉之脊也。

夫痤疽之痛也,非刺骨髓,则烦心不可支也;非如是,不能使人以半寸砥石弹之。今人主之于治亦然:非不知有苦,则安;欲治其国,非如是不能听圣知而诛乱臣。乱臣者,必重人;重人者,必人主所甚亲爱也。人主所甚亲爱也者,是同坚白也。夫以布衣之资,欲以离人主之坚白、所爱,是

·125·

以解左髀说右髀者,是身必死而说不行者也。

　　吴起,是卫国左氏中人。他让妻子织丝带,可妻子织的丝带宽度比规定的窄了一点。吴起要她改一下,妻子说:"好。"等织成后,吴起又量了一遍,结果还是不符合尺度,他为此十分愤怒。他的妻子说:"我已把经线编排好,不能再改了。"吴起就把妻子休了。他的妻子请她的哥哥帮助再进入吴家。她哥哥说:"吴起是制定法度的人,他制定法度,是想用来为万乘大国建功立业,一定要先在妻妾身上实践,然后才能推行。你不要希望重回吴家了。"吴起妻子的弟弟又被卫君重用,于是凭借被卫君重用的身份去请求吴起。吴起不听从,于是离开卫国去楚国了。

　　另一种说法是:吴起拿一条丝带子给他妻子看,说:"你替我织条带子,织得像这条一样。"妻子织成丝带后将其献给他,那条带子特别漂亮。吴起说:"要你织带子,让它和这条一样,现在却织得特别漂亮,为什么?"他妻子说:"用的材料和原来一样,只是特别努力下功夫。"吴起说:"这不是我的意思。"就让她穿戴好,把她休回娘家。岳父前去替女儿求情,吴起说:"我家从不说空话。"

　　晋文公问狐偃说:"我把丰富的食物遍赐给朝中的人,一杯酒、一盘肉都集中起来宴请宫中的人,壶中的酒不薄,新鲜的肉不存放起来。即使杀一头牛,也全部分给国人。一年织成的布,都拿来给士兵做衣服穿,这能够使人民努力作战吗?"狐偃说:"还不够。"文公说:"我放松关市的征税,宽缓刑罚,这样足以使民众努力作战吗?"狐偃说:"还不够。"文公说:"我的民众有的失去财产,我就亲自派郎中去察看,有罪的人就赦免他们,贫穷不足的人就赐给他们财物,这样足以使民众努力作战吗?"狐偃说:"不够。这些都是使他们顺利正当生存的方法;而使他们作战,就是要杀掉他们。人们之所以听从您,是为了顺利生活,你反而要杀掉他们,这就失去他们听从您的理由了。"文公说:"那么怎样才足以使民众努力作战呢?"狐偃回答说:"要使他们不得不作战。"文公说:"怎样使他们不得不作战呢?"狐偃回答说:"奖赏并且要守信用,处罚果断,这足以使他们努力作战。"文公说:"刑罚的最高标准是怎样的呢?"狐偃回答说:"不避开亲近与显贵,法制能在亲近的人身上推行。"文公说:"说得好。"第二天,文公下令在圃陆打猎,约定正午为期,迟到的按军罚处置。于是有一个叫颠颉的人,是文公宠信的大臣,他迟到了。执法的人请求治他的罪,文公伤心落泪。官吏说:"请使

韩非子

刑。"就腰斩了颠颉，拿来向百姓示众，用来表明法律的严明。事后，百姓都害怕地说："君王对颠颉的尊重是那样的深切，而君主还是对他执行了法律。何况对于我们百姓，还有什么理由免刑呢？"晋文公看见民众可以作战了，于是起兵讨伐原国，就攻克了原国；又讨伐卫国，使卫国的田垄改成东西走向，又攻了五鹿城；攻取阳樊，战胜了虢国；讨伐了曹国，向南围攻郑国，破坏了郑国的城垛；解除了楚对宋的围攻；之后与楚国在城濮开战，把楚国打得大败，撤军回到践土和诸侯盟会，并因而在衡雍完成了拥戴周天子的义举，一次举兵取得了八项功绩。晋文公之所以能取得这样的成绩，没有其他原因，只是因为听从了狐偃的计谋，借用颠颉的脑袋彰明了法度。

痤疽病的疼痛，不用石针刺入骨髓，就内心烦躁得支持不住。如果不这样，病人就不肯让别人用半寸长的石针刺它。现在君主治国也是这样，不是不知道痛苦，只有经过痛苦才能长治久安，要想国家治理好，不这样就不会听从智商高的人的意见，惩诛乱国之臣。作乱的奸臣，一定是有权势的人，有权势的人，必然是君主十分亲信宠爱的人，这样的宠臣与君主的关系就像是石头的白色与坚硬不可分离一样。如果凭普通百姓的身份，要想分离君主与宠臣的关系，这就像是劝说右腿同意割掉左腿一样不可能，最后只有丢命的结局。即使百姓有再好的治国意见，也得不到君主施行。

外储说右下

经 一

赏罚共，则禁令不行。何以明之？明之以造父、于期。子罕为出彘，田恒为圃池，故宋君、简公弑。患在王良、造父之共车，田连、成窍之共琴也。

经 二

治强生于法，弱乱生于阿，君明于此，则正赏罚而非仁下也。爵禄生于功，诛罚生于罪，臣明于此，则尽死力而非忠君也。君通于不仁，臣通于不忠，则可以王矣。昭襄知主

【注释】
①啬夫：徒役，消防队员。

情,而不发五苑;田鲔知臣情,故教田章;而公仪辞鱼。

经 三

明主者,鉴于外也,而外事不得不成,故苏代非齐王。人主鉴于上也,而居者不适不显,故潘寿言禹情。人主无所觉悟,方吾知之,故恐同衣于族,而况借于权乎!吴章知之,故说以伴,而况借于诚乎!赵王恶虎目而壅。明主之道,如周行人之却卫侯也。

经 四

人主者,守法责成以立功者也。闻有吏虽乱而有独善之民,不闻有乱民而有独治之吏,故明主治吏不治民。说在摇木之本与引网之纲。故失火之啬夫①,不可不论也。救火者,吏操壶走火,则一人之用也;操鞭使人,则役万夫。故所遇术者,如造父之遇惊马,牵马推车则不能进,代御执辔持策则马咸骛矣。是以说在椎锻平夷,榜檠矫直。不然,败在淖齿用齐戮闵王,李兑用赵饿主父也。

经 一

君臣共掌赏罚大权,法令就不能推行。用什么来说明这个道理呢?用造父和王子于期驾车的事例来说明。子罕像窜出的猪子,田恒像瓜果园的水池,他们分去了宋君和齐简公的权势,所以宋君和齐简公终遭杀身之祸。这种祸患就体现在王良和造父共驾一辆车而无法控制马,田连、成窍共弹一架琴而不能成曲调的事例里。

经 二

国家的安定、强大来自依法办事,衰弱动乱来自以私爱而枉法,君主明白这个道理,就会公正地实行赏罚而不赞成对臣下讲仁慈。爵位俸禄产生于所立的功劳,惩罚诛杀产生于犯罪,臣子明白了这个道理,就会尽力拼命立功而不讲效忠君主个人。君主深刻理解不必讲仁慈,臣子深刻理解不必讲私忠,

那么就可以称王于天下了。秦昭襄王懂得做君王的道理,而不开放五个苑园拯救饥荒;田鲔懂得做臣子的规矩,因此教育他的儿子田章从利害出发。公仪休虽然爱吃鱼却拒绝吃别人赠送的鱼。

经 三

明智的君主,借鉴国外的经验,然而借鉴国外的事情不适当还是不能成功,所以苏代批评齐王。君主借鉴上古的事情,但借鉴隐士的话不当还是不能彰显自己,所以潘寿故意对燕王讲大禹传位的事。燕王便把君位让给子之,使自己失去权势。君主对这些没什么觉悟,但方吾子知道这个道理,所以他提到古礼上说不能和穿同样服装的人共坐一车,不和同一家族的人住在一起,而何况把权力外借呢?吴章知道这个道理,所以劝说君主连假的爱憎也不要表露,何况把真实情感表露给别人呢?赵王厌恶老虎眼睛,思想壅塞不通,却看不到权臣的眼睛比老虎的眼睛更可恶。英明君主的治国之道,就要像周天子的官行人拒绝卫文公那样维护君主的尊严。

经 四

君主,是依靠坚守法度的原则,责求臣下完成职责来建立功业的人。只听说官吏虽然胡作非为而仍有独善其身的民众,没有听说民众作乱而仍有按法治国的官吏,所以英明的君主重视治理官吏而不是把力量花在治理民众上。这种说法表现在摇树要摇干、拉网要拉总绳的事例中。所以失火的时候,管救火的消防员啬夫,不能不研究。救火的时候,一个官吏提着水壶跑去救火,只用了一个人的力量;如果拿着鞭子驱使他人,就能发挥役使万人的作用。所以对待方术,就像造父遇到受惊的马一样,别人牵马推车不能前进,而造父替别人驾车,拉住缰绳拿起鞭子,马就一齐向前奔跑了。因此这种解说还体现在槌子来打平的、矫正弓弩的工具榜檠是用来矫正不直的东西的比喻中。不这样的话,君主的失败就表现在淖齿在齐国执政而杀了齐闵王,李兑在赵国执政而饿死主父赵武灵王的事例中。

经 五

因事之理,则不劳而成。故兹郑之踞辕而歌以上高梁也。其患在赵简主税吏请轻重;薄疑之言"国中饱",简

主喜而府库虚,百姓饿而奸吏富也。故桓公巡民而管仲省腐财怨女。不然,则在延陵乘马不得进,造父过之而为之泣也。

经 五

顺应事理,不劳累就会成功。所以兹郑子坐在车辕上唱歌来吸引行人帮他拉车上山坡。不顺应事理的祸患表现在赵简子的收税官请示纳税的标准而从中作弊,以及薄疑讲"国中饱",赵简子就高兴,但实际上却国中仓库空虚、百姓挨饿、奸吏富足的故事中。因此齐桓公巡视民间,而管仲建议减省存积的财物,嫁出年长未嫁的宫女。不遵循事理,就像延陵卓子驾马不能前进,造父经过那里为马哭泣一样。

说 一

造父御四马,驰骤周旋而恣欲于马。恣欲于马者,擅辔策之制也。然马惊于出彘,而造父不能禁制者,非辔策之严不足也,威分于出彘也。王子于期为驸驾①,辔策不用而择欲于马,擅刍水之利也。然马过于圃池而驸马(顾广圻曰"马"当作"驾")败者,非刍水之利不足也,德分于圃池也。故王良、造父,天下之善御者也,然而使王良操左革而叱咤之,使造父操右革而鞭笞之,马不能行十里,共故也。田连、成窍,天下善鼓琴者也,然而田连鼓上、成窍摄下而不能成曲,亦共故也。夫以王良、造父之巧,共辔而御不能使马,人主安能与其臣共权以为治?以田连、成窍之巧,共琴而不能成曲,人主又安能与其臣共势以成功乎?

一曰:造父为齐王驸驾,渴马服成,效驾圃中。渴马见圃池,去车走池,驾败。王子于期为赵简主取道争千里之表②,其始发也,彘伏沟中。王子于期齐辔策而进之,彘突出于沟中,马惊,驾败。

司城子罕谓宋君曰:"庆赏赐与,民之所喜也,君自行之;杀戮诛罚,民之所恶也,臣请当之。"宋君曰:"诺。"于是出威令,诛大臣,君曰:"问子罕也。"于是大臣畏之,细民归

【注释】
①王子于期:应作"王於期",即下文的王良这个人。②表:指锦标。

之。处期年,子罕杀宋君而夺政。故子罕为出彘以夺其君国。

说 一

驾车能手造父驾驭四匹马,奔驰周旋,随心所欲地支配着马。他能随心所欲地支配着马,是因为他独自控制了缰绳和马鞭。但是马被突然窜出的猪所惊吓,而造父却不能控制事因,这不是因为缰绳和马鞭控制得不严,而是因为被窜出的猪分散了威力。王子于期驾驭副车,不用缰绳和马鞭,却选择马喜好的东西来驯服马,专门用水和草来控制马。但是马经过田冈和水池时,王良不能完全控制马了,这不是因为草、水的有利条件不够,是因为以往受到的好处被田园和水池分散了。所以王良、造父,是天下善于驾车的人,但让王良掌握左边的马勒来吆喝它,让造父掌握右边的马勒来鞭打它,马却不能跑到十里路,这是由于两人共驾一辆车的缘故。田连、成窍,是天下善于弹琴的人,但是要田连弹奏琴的上边、成窍按琴的下部,却不能奏成曲调,这也是由于两人共弹一张琴的缘故。凭着王良、造父的技巧,共掌马缰而驾一辆车,尚且不能支配马,君主怎么能和臣子共掌大权来治国呢?凭着田连、成窍的技巧,共弹一琴却不能奏成曲调,君主又怎么能和臣子共掌权势来成就功业呢?

另一种说法是:造父替齐王驾副车,他用控制马饮水的方法把马驯服,便到瓜果园中试车。渴了的马看见园中的水池后,挣脱车子跑到水池边,车子被毁坏,试车失败了。王子于期替赵简子驾车,奔驰争夺千里赛马的锦标,他们刚出发的时候,一头猪伏在沟里。王子于期调整缰绳,快马加鞭前进,猪突然从沟里窜出来,马受到惊吓,车子被毁坏,驾车失败。

掌管土木建筑的子罕对宋君说:"奖赏赐予,是民众所喜爱的,您自己来实行;杀戮处罚,是民众所厌恶的,请让我来判决。"宋君说:"好吧!"于是子罕发出威严的命令,惩罚大臣,宋君说:"去问子罕吧。"于是大臣都害怕子罕,小民归附子罕。过了一年,子罕杀掉宋君,篡夺了政权。所以子罕像窜出的猪那样篡夺了宋君的君位。

简公在上位,罚重而诛严,厚赋敛而杀戮民。田成恒设慈爱,明宽厚。简公以齐民为渴马,不以恩加民,而田成恒以仁厚为囿池也。

【注释】

① 效驾:试马。
② 手吻文:手虎口

一曰：造父为齐王驸驾，以渴服马，百日而服成。服成，请效驾齐王①，王曰："效驾于圃中。"造父驱车入圃，马见圃池而走，造父不能禁。造父以渴服马久矣，今马见池，駻而走，虽造父不能治。今简公之法禁其众久矣，而田成恒利之，是田成恒倾圃池而示渴民也。

一曰：王子于期为宋君为千里之逐。已驾，察手吻文②。且发矣，驱而前之，轮中绳；引而却之，马掩迹。拊而发之，彘逸出于窦中。马退而却，策不能进前也；马駻而走，辔不能止也。

一曰：司城子罕谓宋君曰："庆赏赐予者，民之所好也，君自行之；诛罚杀戮者，民之所恶也，臣请当之。"于是戮细民而诛大臣，君曰："与子罕议之。"居期年，民知杀生之命制于子罕也，故一国归焉。故子罕劫宋君而夺其政，

处的皱纹。③田成常：人名，又叫田成恒、田成子、田常等。

法不能禁也。故曰:"子军为出彘,而田成常为囿池也③。"令王良、造父共车,人操一边辔而入门闾,驾必败而道不至也。令田连、成窍共琴,人抚一弦而挥,则音必败、曲不遂矣。

　　齐简公身居君位,处罚从重,诛杀从严,加重赋税,杀害民众。田成子则对民众施以仁爱,宣明宽厚。齐简公把民众当作渴了的马,不对百姓施恩惠,而田成子则以仁慈厚道作为园囿池水拉拢百姓。

　　另一种说法是:造父是齐王副车的驾车人,他通过让马干渴的方法使马驯服。百日之后,完成了训练任务。然后就请齐王来看试车。齐王说:"在园囿里试车。"当造父驾马驱车进入园囿时,马看见园囿中的水池,便凶悍地奔跑过去,造父制止不住。这是因为造父驯马时让马干渴得太久了,现在马看见水池,乱奔乱跑,即使造父也不能制服它。现在,齐简公用他的严刑峻法管制百姓已经很久了,而田成子却给百姓好处,这就像是田成子尽力向百姓展示自己园囿中的水池一样。

　　又一种说法是:王子于期驾车为宋国的君主争夺千里赛程的锦标。车马已驾好,他摩拳擦掌。比赛将要开始了,他赶马前进,车轮完全符合缰绳的节奏;他对马用力抽打,可是马却向后退,前蹄踩着后蹄的蹄印。原来是因为有野猪从洞中狂奔出来,马受惊吓才向后退,即使用鞭抽打也不能让马前进;马凶悍地乱跑,拉紧缰绳也不能使它正常跑起来。

　　还有一种说法是:司城子罕对宋国国君说:"奖赏恩赐,是百姓所喜欢的,要由君主自己做主施行;惩罚诛杀,是百姓所憎恶的,请允许让我来承担。"于是,对于子罕严惩百姓或诛杀大臣的事,宋君总是说:"与子罕商议。"一年之后,百姓都知道生死大权掌握在子罕手里,因而全国的人都归顺子罕。所以子罕最后劫持了宋君,篡夺了政权,对此,法律也不能禁止。所以说:子罕就是一头狂奔出来的野猪,田成子就是园囿中的水池。如果让王良、造父同驾一车,每人各握一边的缰绳驱车入门巷,车驾会被毁坏而达不到目的地。如果让田连、成窍同弹一张琴,每人各弹一根弦,一定会弄乱旋律而弹不成曲调。

说 二

秦昭王有病，百姓里买牛而家为王祷①。公孙述出见之，入贺王曰："百姓乃皆里买牛为王祷。"王使人问之，果有之。王曰："訾之人二甲。夫非令而擅祷者，是爱寡人也。夫爱寡人，寡人亦且改法而心与之相循者，是法不立；法不立，乱亡之道也。不如人罚二甲而复与为治。"

一曰：秦襄王病，百姓为之祷；病愈，杀牛塞祷。郎中阎遏、公孙衍出见，曰："非社腊之时也②，奚自杀牛而祠社？"怪而问之。百姓曰："人主病，为之祷；今病愈，杀牛塞祷。"阎遏、公孙衍说，见王，拜贺曰："过尧、舜矣。"王惊曰："何谓也？"，对曰："尧、舜，其民未至为之祷也。今王病，而民以牛祷；病愈，杀牛塞祷。故臣窃以王为过尧、舜也。"王因使人问之何里为之，訾其里正与伍老屯二甲。阎遏、公孙衍愧不敢言。居数月，王饮酒酣乐，阎遏、公孙衍谓王曰："前时臣窃以王为过尧、舜，非直敢谀也。尧、舜病，且其民未至为之祷也；今王病而民以牛祷，病愈，杀牛塞祷。今乃訾其里正与伍老屯二甲，臣窃怪之。"王曰："子何故不知于此？彼民之所以为我用者，非以吾爱之为我用者也，以吾势之为我用者也。吾释势与民相收，若是，吾适不爱而民因不为我用也，故遂绝爱道也。"

秦大饥，应侯请曰："五苑之草著③：蔬菜、橡果、枣栗，足以活民，请发之。"昭襄王曰："吾秦法，使民有功而受赏，有罪而受诛。今发五苑之蔬果者，使民有功与无功俱赏也。夫使民有功与无功俱赏者，此乱之道也。夫发五苑而乱，不如弃枣蔬而治。"一曰："令发五苑之蓏、蔬、枣、栗，足以活民，是用民有功与无功互争取也。夫生而乱，不如死而治，大夫其释之。"

田鲔教其子田章曰："欲利而身，先利而君；欲富而家，先富而国。"

一曰：田鲔教其子田章曰："主卖官爵，臣卖智力。故自恃无恃人。"

公仪休相鲁而嗜鱼，一国尽争买鱼而献之，公仪子不

【注释】
①里：古时民众的居住区，相当于现在的街。②社：春日祭土神。腊：腊月祭百神。③五苑：古代君主的禁苑。

受。其弟谏曰:"夫子嗜鱼而不受者,何也?"对曰:"夫唯嗜鱼,故不受也。夫即受鱼,必有下人之色;有下人之色,将枉于法;枉于法,则免于相。虽嗜鱼,此不必能自给致我鱼,我又不能自给鱼。即无受鱼而不免于相,虽嗜鱼,我能长自给鱼。"此明夫恃人不如自恃也,明于人之为己者不如己之自为也。

说　二

秦昭王生病了,每个街里的百姓都杀牛祭神,家家为他祈祷。秦昭王的侍从官公孙述出外看见这种情形,便进宫向昭王祝贺,说:"百姓竟然都买牛祭祀为大王祈祷。"秦王派人去问,果然有这样的事。秦王说:"罚他们每人出两副铠甲以赎罪。没有命令就擅自祈祷,这是爱我。百姓爱我,我也应改变法令与他们相亲近。可是这样法度就建立不起来,法度建立不起来,就是乱国亡身之路啊。还不如每人罚两副铠甲,再与他们一起把国家治理好。"

另一种说法是:秦襄王病了,百姓为他祈祷;襄王病好后,百姓又杀牛祭神还愿。郎中阎遏、公孙衍外出看到这种情况,想道:"不是祭土地神和腊祭的时候,为什么各自杀牛祭祀呢?"他们感到奇怪而问百姓。百姓说:"君主病了,我们替他祈祷;现在病好了,杀牛祭神还愿。"阎遏、公孙衍很高兴,见了襄王,向他拜贺:"您的德行胜过尧、舜了。"襄王吃惊地说:"你们说的是什么意思?"他俩回答说:"尧、舜,他们的民众还没有达到为他们祈祷的地步。现在大王病了,民众许愿用牛祭祀,为大王祈祷;病好了,又杀牛祭祀还愿。因此我们暗自认为您已胜过尧、舜了。"襄王于是派人询问此事,调查哪个里做了这样的事,就罚里正和伍长每人交两副铠甲赎罪。阎遏、公孙衍惭愧得不敢说话。过了几个月,襄王喝酒正畅快的时候,阎遏、公孙衍对襄王说:"前些时候,我们私下认为大王超过尧、舜,不是故意奉承您。尧、舜病了,他们的民众还没有达到为他们祈祷的地步;现在大王病了,民众用牛祭祀来祈祷,病好了,杀牛祭神还愿。您现在却罚那里的里正和伍长各人交两副铠甲赎罪,我们私下感到奇怪。"襄王说:"你们为什么不懂得这个道理?那些民众之所以为我所用,并不是因我爱他们而为我所用,而是因我有权势而为我所用。我放弃权势来和民众结交,假如这样,我只要一刻不爱民众,他们就不为我所用了,因此我就断绝讲仁爱的做法。"

秦国发生了严重的饥荒,应侯范雎请求说:"五个苑园里的草木:蔬菜、橡果、枣子、板栗,足以救活民众,请开放五个苑园。"秦昭襄王说:"我们秦国的法令是,使民众有功而受赏,有罪而受罚。现在开放五个苑园的蔬菜、果实给百姓,使得民众有功的、无功的都受赏。民众有功的、无功的都受赏,这是乱国之道。开放五个苑园而扰乱国家,不如放弃枣子、蔬菜而使国家得到治理。"另一种说法是:"命令开放五个苑园的瓜果、蔬菜、枣子、板栗,足以救活民众,这是使民众中有功的、无功的都去争夺。与其让他们活着扰乱国家,不如让他们死掉而使国家得到治理。大夫您还是放弃这个主张吧!"

田鲔教育他的儿子田章说:"想要自身得到利益,那就先让你的君主得到利益;想要让自己的家庭富裕起来,那就先要让你的国家富裕起来。"

另一种说法是:田鲔教育他的儿子田章说:"君主出售官爵给臣子,臣子出售智力给国君,所以都是依靠自己而不是依靠别人。"

公仪休担任鲁国的宰相,他喜欢吃鱼,全国的人都争着买鱼献给他,公仪休却坚决不接受。他的弟子劝他说:"先生您爱好吃鱼而又不肯接受鱼,这是为什么呢?"公仪休回答说:"正因为我喜欢吃鱼,才不接受鱼。如果我接受别人献的鱼,就必然会迁就别人的脸色,迁就别人的脸色,就会违背法令,违背法令,就会被免去宰相的职位。那么我虽然爱好吃鱼,这样别人就不一定再给我鱼,我又不能自己给自己搞到鱼。如果我不接受别人献的鱼,就不会被免去宰相的职位,虽然我爱吃鱼,这样我能经常给自己搞到鱼。"这是懂得依靠别人不如依靠自己,懂得靠别人为自己不如自己为自己的道理。

说 三

子之相燕,贵而主断。苏代为齐使燕,王问之曰:"齐王亦何如主也?"对曰:"必不霸矣。"燕王曰:"何也?"对曰:"昔桓公之霸也,内事属鲍叔,外事属管仲,桓公被发而御妇人,日游于市①。今齐王不信其大臣。"于是燕王因益大信子之。子之闻之,使人遗苏代金百镒②,而听其所使之。

一曰:苏代为秦(陈奇猷曰"秦"当作"齐")使燕,见无

【注释】

① 市:宫中之市。② 镒:二十四两为一镒。

益子之,则必不得事而还,贡赐又不出,于是见燕王,乃誉齐王。燕王曰:"齐王何若是之贤也?则将必王乎?"苏代曰:"救亡不暇,安得王哉?"燕王曰:"何也?"曰:"其任所爱不均。"燕王曰:"其亡何也?"曰:"昔者齐桓公爱管仲,置以为仲父,内事理焉,外事断焉,举国而归之,故一匡天下,九合诸侯。今齐任所爱不均,是以知其亡也。"燕王曰:"今吾任子之,天下未之闻也?"于是明日张朝而听子之。

潘寿谓燕王曰:"王不如以国让子之。人所以谓尧贤者,以其让天下于许由,许由必不受也,则是尧有让许由之名而实不失天下也。今王以国让子之,子之必不受也,则是王有让子之之名而与尧同行也。"于是燕王因举国而属之,子之大重。

一曰:潘寿,隐者,燕使人聘之。潘寿见燕王曰:"臣恐子之之如益也。"王曰:"何益哉?"对曰:"古者禹死,将传天下于益,启之人因相与攻益而立启,今王信爱子之,将传国子之,太子之人尽怀印,为子之之人无一人在朝廷者。王不幸弃君臣,则子之亦益也。"王因收吏玺,自三百石以上皆效之子之,子之大重。夫人主之所以镜照者,诸侯之士徒也,今诸侯之士徒皆私门之党也。人主之所以自羽翼者,岩穴之士徒也,今岩穴之士徒皆私门之舍人也。是何也?夺褫之资在子之也。故吴章曰:"人主不佯憎爱人。佯爱人,不得复憎也;佯憎人,不得复爱也。"

说　三

子之当上了燕国的宰相,地位高贵而且独揽国家大权。苏代作为齐国的使臣出使燕国,燕王问他说:"齐宣王是个怎样的君主呀?"苏代回答说:"齐宣王肯定不能成为霸主。"燕王说:"为什么呢?"苏代回答说:"从前齐桓公称霸时,国内的事情交给鲍叔牙,国外的事务交给管仲,桓公自己却披头散发玩弄妇女,每天在宫中的街市游乐。现在齐宣王却不信任自己的大臣。"于是,燕王因此更加信任子之。子之听说此事,派人赠送给苏代两千多两黄金,并听任他使唤。

另一种说法是：苏代为齐国出使燕国，他知道不让子之得到好处，就一定不能办成事情回国，进贡齐国的与赏赐他的东西，也不会拿出来，于是见到燕王，就称颂齐王。燕王说："齐王怎么会这样贤明啊，那么看来他一定要称王于天下了吧？"苏代说："挽救危亡还来不及，怎么能称王呢？"燕王说："为什么呢？"苏代说："他任用喜爱的人却不信任他们。"燕王说："又为什么将会灭亡呢？"苏代说："从前的时候，齐桓公喜爱管仲，尊他为仲父，国内的事情由他处理，国外的事务由他决断，全国的民众都归向他，所以能多次会盟诸侯。现在齐王任用喜爱的人却不信任他们，所以我知道齐国要灭亡。"燕王说："现在我任用子之，难道天下的人没有听说这件事吗？"于是第二天便举行朝会，听任子之决断国家大事。

潘寿对燕王说："大王不如把国家大权让给子之。人们之所以说尧贤明，是因为他把天下让给许由，许由坚决不接受，那么这就是尧有了让天下的美名，实际上又不失去天下。现在大王把国家让给子之，子之坚决不接受，那么这也就是大王有把国家让给子之的美名，因而和尧有同样的品德。"于是燕王就把国家托付给子之，子之的权势大大加重，地位就更加尊贵了。

另一种说法是：潘寿是一个隐士，燕王派人去请他。潘寿见到燕王说："我担心子之像禹的大臣伯益一样。"燕王说："和伯益一样怎样呢？"潘寿回答说："古代夏禹死时，要把天下传给伯益，启手下的人一个个攻击伯益，结果立启为王。现在大王确实喜爱子之，要把国家传给子之，太子手下的人都掌握着大印，为子之出力的人没有一个在朝廷。大王如果不幸逝世，那么子之也就和伯益一样了。"燕王因此收回官印，把三百石以上俸禄的官职都交给了子之，子之的权势大大加重。君主用来作为借鉴的，是诸侯手下的士人，现在诸侯的士人都是私人的党羽。君主用来保卫自己的，是隐居山林的士人，现在隐居山林的士人都是私人的门客。这是什么原因呢？因为夺权的权力掌握在子之手里。所以吴章说："君主不能假装恨人，也不能假装爱人。假装爱人，就不能再恨他；假装恨人，就不能再爱他了。"

一曰：燕王欲传国于子之也，问之潘寿，对曰："禹爱益而任天下于益，已而以启人为吏。及老，而以启为不足任天下，故传天下于益，而势重尽在启也。已而启与友党攻益而夺之天下，是禹名传天下于益，而实令启自取之也，此

【注释】

①服：即"五服"的"服"，家族

禹之不及尧、舜明矣。今王欲传之子之,而吏无非太子之人者也,是名传之而实令太子自取之也。"燕王乃收玺,自三百石以上皆效之子之,子之遂重。

方吾子曰:"吾闻之古礼:行不与同服者同车①,不与同族者共家,而况君人者乃借其权而外其势乎!"

吴章谓韩宣王曰:"人主不可佯爱人,一日不可复憎;不可以佯憎人,一日不可复爱也。故佯憎佯爱之征见,则谀者因资而毁誉之。虽有明主,不能复收,而况于以诚借人也!"

赵王游于圃中,左右以菟与虎而辍之,虎盼然环其眼。王曰:"可恶哉,虎目也!"左右曰:"平阳君之目可恶过此。见此未有害也,见平阳君之目如此者,则必死矣。"其明日,平阳君闻之,使人杀言者,而王不诛也。

卫君入朝于周,周行人问其号,对曰:"诸侯辟疆②。"周行人却之曰:"诸侯不得与天子同号。"卫君乃自更曰:"诸侯燬。"而后内之。仲尼闻之曰:"远哉禁逼!虚名不以借人,况实事乎?"

的意思。②辟疆:是开辟疆土的意思,这种权利只属于天子。

另一种说法是:燕王想把君位传给子之,向潘寿询问这件事,潘寿回答说:"大禹喜爱伯益,把治理天下的重任交给伯益。不久,又任用启手下的人为官员。到年老的时候,却认为启不足以担当治理天下的重任,因此把天下传给伯益,但权势全掌握在启的手中。不久启和他的朋友、同党勾结起来攻击伯益,夺走了他的天下,这样大禹名义上把天下传给伯益,实际上是让启得到了天下,这说明大禹赶不上尧、舜英明。现在您想把国政传给子之,而官员莫不是太子的人,这也是名义上传给子之,实际上让太子得到天下。"于是燕王收回官印,把三百石以上俸禄的官印都交给了子之,子之权势大大加重。

方吾子说:"我听说古代的礼节,君主出外不与同族的人同坐一辆车;甚至不与同姓的人居住在一起,这都是体现君主与他人的地位不同。何况现在的君主还把权力借与别人,让别人处在自己的权势之外呢。"

吴章对韩宣王说:"君主不可以假装喜欢某人,假装喜欢某人,有朝一日就不能再恨某人;也不可以假装憎恨某人,假装憎恨某人,有朝一日就不能再喜欢这人。所以假装憎恨、假装喜欢的迹象一旦显露出来,那些阿谀奉承的人就会顺着这点迹象去诋毁或称赞那个人。这样一来,即使是英明的君主也难以制止这种势态,更何况把真正的情感表露给别人呢?"

赵孝成王在园囿中游玩,左右侍臣用兔子逗老虎,递过去喂它却又停住不给,老虎愤怒地瞪圆了眼睛。赵王说:"老虎的眼睛真可恶!"左右侍臣说:"平阳君的眼睛比这老虎的眼睛更可恶。看到老虎的眼睛这副模样还没有危险,而看见平阳君这样瞪眼的人却必死无疑。"第二天,平阳君听说了此事,派人杀了那个说话的侍臣,而赵王却不责备平阳君。

卫君去朝见周天子,周朝司仪官问他的名号,他说:"卫侯辟疆。"司仪官斥退他说:"诸侯不能拥有和天子相同的名号。"卫君就改口说:"卫侯煅父。"司仪官这才接待了他。孔子知道这事说:"禁止冒犯天子的意义多么深远啊,虚名尚且不能拿来借给别人,更何况是实际的权力呢!"

说 四

【注释】

①趣:通"促",督促。②骛:马奔驰。

摇木者一一其叶,则劳而不遍;左右拊其本,而叶遍摇矣。临渊而摇木,鸟惊而高,鱼恐而下。善张网者引其纲,若一一摄万目而后得,则是劳而难;引其纲,而鱼已囊矣。故吏者,民之本、纲者也,故圣人治吏不治民。

救火者,令吏挈壶瓮而走火,则一人之用也;操鞭箠指麾而趣使人①,则制万夫。是以圣人不亲细民,明主不躬小事。

造父方耨,时有子父乘车过者,马惊而不行,其子下车牵马,父子推车,请造父:"助我推车!"造父因收器,辍而寄载之,援其子之乘,乃始检辔持箠,未之用也,而马騺惊(陈奇猷曰"騺惊"当作"成骛")矣②。使造父而不能御,虽尽力劳身助之推车,马犹不肯行也。今("今"《集解》误为"令",据乾道本改正)使身佚,且寄载,有德于人者,有术而御之也。故国者,君之车也;势者,君之马也。无术以御之,身虽劳,犹不免乱;有术以御之,身处佚乐之地,又致帝王之功也。

椎锻者,所以平不夷也;榜檠者,所以矫不直也。圣人之为法也,所以平不夷、矫不直也。

淖齿之用齐也,擢闵王之筋;李兑之用赵也,饿杀主父。此二君者,皆不能用其椎锻榜檃,故身死为僇,而为天下笑。

一曰:入齐,是独闻淖齿而不闻齐王;入赵,则独闻李兑而不闻赵王。故曰:"人主者不操术,则威势轻而臣擅名。"

一曰:田婴相齐,人有说王者曰:"终岁之计,王不一以数日之间自听之,则无以知吏之奸邪得失也。"王曰:"善。"田婴闻之,即遽请于王而听其计。王将听之矣,田婴令官具押券斗石参升之计。王自听计,计不胜听,罢食后,复坐,不复暮食矣。田婴复谓曰:"群臣所终岁日夜不敢偷怠之事也,王以一夕听之,则群臣有为劝勉矣。"王曰:"诺。"俄而王已睡矣,吏尽揄刀削其押券升石之计。王自听之,乱乃始生。

一曰:武灵王使惠文王莅政,李兑为相,武灵王不以身躬亲杀生之柄,故劫于李兑。

说 四

　　摇晃树的人一片一片地拨动树叶,即使很劳苦也不能拨遍树叶;在树的左右两边敲打树干,那么树叶就全部晃动了。面临深渊摇树,鸟受惊而高飞,鱼害怕而下沉。善于张网的人拉动网的纲绳,如果一个一个掀开网眼,即使劳累了也难得张开;拉动网的纲绳,鱼就被罩住了。所以官吏是民众的树干和纲绳,因此圣人只治理官吏,而不直接治理民众。

　　救火的时候,若叫一个官员提着水壶、瓮坛跑去救火,则只用了一个人的力量;如果拿着鞭子、木棒指挥和督促别人,就可以驱使一万个人去救火。因此圣人不亲自治理百姓,英明的君主不亲自处理小事。

　　造父正在锄草,恰好这时有父子二人乘车经过,马因受了惊不能前进,他儿子下车牵着马,父亲下来推车子,请求造父帮忙推车子。造父于是收拾好农具,停止锄草而把农具寄放在车上,拉住那个儿子的马,然后才把住缰绳拿起鞭子,还没有用上它们,马就奔跑起来了。假使造父不会驾车,即使用尽全力辛苦地帮他们推车,马还是不肯走。如今他本人操作轻松,而且把农具寄放在车上,又对别人施了恩德,使马奔跑了,

这是因为他有驾车技术的缘故。所以国家是君主的车子,权势是君主的马。没有技术来驾驭它,本人即使再劳苦,还是不免陷入混乱;有技术来驾驭它,本人处在安乐的地位,还是能取得帝王的功业。

槌子、锻头,是用来平整不平的东西的;榜、檠是用来矫正不直的。圣人制定法律,就是用来平整不平、矫正不直的。

楚将淖齿在齐国执政,却抽掉齐闵王的筋;李兑在赵国执政,却使主父赵武灵王饿死。这两个国君,都不会运用他们手中的槌子、锻头和榜、檠,所以一个饿死,一个被杀,从而被天下人耻笑。

另一种说法是:进入齐国,只听到人说淖齿而听不到人说齐王;进入赵国,只听到人说李兑而听不到人说赵王。所以说:"君主不掌握权术,威势就会减轻而被臣子独揽名望。"

另一种说法是：田婴当了齐国的宰相，有人劝齐宣王，说："一年的财政结算报告，君王如果不用几天的时间亲自听一听，就无法得知官吏的奸邪行为和国政的得失情况。"齐宣王说："说得好。"田婴听说这事，就立即请齐宣王去听他的财政结算。齐王同意了，田婴命令下属官员准备好全年的帐目和凭据。齐宣王亲自听报告，而账目多得听不完，中饭后接着听，累得不能吃晚饭。田婴又对齐宣王说："群臣一年到头日夜不敢马虎和怠慢偷懒所做的工作，如果君王连夜听取我们的汇报，我们群臣就会大受鼓舞。"齐宣王说："行。"不一会儿，齐宣王就睡着了。官员们便抽刀从那些账目上刮削去各种数字。因此，齐宣王亲自听结算，就是国家混乱的开始。

还有一说：赵武灵王让他的小儿子惠文王执政，李兑当宰相，武灵王不亲自掌握生杀大权，所以被李兑劫杀。

说　五

兹郑子引辇上高梁而不能支。兹郑踞辕而歌，前者止，后者趋，辇乃上。使兹郑无术以致人，则身虽绝力至死，辇犹不上也。今身不至劳苦而辇以上者，有术以致人之故也。

赵简主出税，吏请轻重。简主曰："勿轻勿重。重，则利入于上；若轻，则利归于民。吏无私利而正矣。"

薄疑谓赵简主曰："君之国中饱。"简主欣然而喜曰："何如焉？"对曰："府库空虚于上，百姓贫饿于下，然而奸吏富矣。"

齐桓公微服以巡民家，人有年老而自养者，桓公问其故。对曰："臣有子三人，家贫无以妻之，佣未反。"桓公归，以告管仲。管仲曰："畜积有腐弃之财，则人饥饿；宫中有怨女，则民无妻。"桓公曰："善。"乃谕宫中有妇人而嫁之。下令于民曰："丈夫二十而室，妇人十五而嫁。"

一曰：桓公微服而行于民间，有鹿门稷者，行年七十而无妻。桓公问管仲曰："有民老而无妻者乎？"管仲曰："有鹿门稷者，行年七十矣而无妻。"桓公曰："何以令之有妻？"管仲曰："臣闻之：上有积财，则民臣必匮乏于下；宫中有怨女，则有老而无妻者。"桓公曰："善。"令于宫中："女子未尝御，出嫁之。"乃令男子年二十而室，女年十五而嫁。则内无怨女，外无旷夫。

延陵卓子乘苍龙挑文之乘①，钩饰在前，错锲在后②，马

【注释】
①挑："翟"的假借字，翟是长尾的野鸡。②锲：马刺，刺马针，马鞍前端交错的针。

欲进则钩饰禁之,欲退则错缀贯之,马因旁出。造父过而为之泣涕,曰:"古之治人亦然矣。夫赏所以劝之而毁存焉,罚所以禁之而誉加焉。民中立不知所由,此亦圣人之所为泣也。"

一曰:延陵卓子乘苍龙与翟文之乘,前则有错饰,后则有利锬,进则引之,退则策之。马前不得进,后不得退,遂避而逸,因下抽刀而刭其脚。造父见之而泣,终日不食,因仰天而叹曰:"策,所以进之也,错饰在前;引,所以退之也,利缀在后。今人主以其清洁也进之,以其不适左右也退之,以其公正也誉之,以其不听从也废之。民惧,中立而不知所由,此圣人之所为泣也。"

说 五

兹郑子拉着车子上一个山坡,但力量不够拉上不去。他就坐在车辕上唱歌,前面的人听了停下来帮他拉,后面的人听了赶上来帮他推车,于是车子上了坡。假如兹郑没有办法吸引人,那么他即使全身力气用尽以至于累死,车子还是上不了坡。现在他不仅身体不劳苦,而车子又能上坡,这是有办法能招引调动别人来帮助的缘故啊。

赵简主派官吏去收税,官吏们向赵简主请示收税的标准,简主说:"不要太轻,也不要太重。太重,利就归于君主;如果太轻,利就归于百姓。只要官吏不从中捞取私利就是轻重正好。"

薄疑对赵简主说:"您的国家是中饱。"赵简主高兴地说:"那饱到什么程度了呢?"薄疑回答说:"上面政府的府库空虚,下面的百姓贫困饥饿,中间的奸吏却很富足。"

齐桓公到民间微服私访,看到一个上了年纪还不得不自己养活自己的人,桓公问其原因。老人回答说:"我有三个儿子,家里穷无法给他们娶妻子,他们出去当雇工还没有回来。"桓公回朝,把这件事告诉管仲。管仲说:"朝廷的蓄积中有腐烂丢弃的财物,百姓就会有人挨饿;官中有没及时出嫁的女子,百姓就有人没有妻子。"桓公说:"说得对。"于是下令把官中年长而未婚的女子嫁出去。并向百姓下命令说:"男子二十岁要成家,女子十五岁要出嫁。"

另一种说法是：齐桓公穿着平民的服装到民间巡视，有一个叫鹿门稷的人，七十岁还没有钱财娶妻子。桓公问管仲说："有年老了还没有财力娶妻子的老百姓吗？"管仲说："有一个叫鹿门稷的人，七十岁了还没有娶过妻子。"桓公说："怎样才能使他有妻子？"管仲说："我听说：上面有积累的财物，下面的臣民就一定会贫穷困乏；宫中有没及时出嫁的女子，民众就会有老了还没有娶过妻子的人。"齐桓公说："说得对。"就命令宫中把没有侍奉过君主的女子嫁出去。于是命令男子二十岁就成家，女子十五岁就出嫁。这样，宫里边就没有年长还没出嫁的女子，外边就没有成年还没娶妻的男子。

延陵卓子骑一匹毛上涂有苍龙和野鸡花纹的骏马，前边有钩勒，后边有鞭刺，马想前进就有钩勒禁止它，想后退就有鞭刺约束它，马于是斜着跑。造父经过那里而为马哭泣，说："古代治理人民也是这样。奖赏是用来鼓励有功之人的，却有毁谤之词混杂其中；惩罚是用来禁止干坏事的，却有称赞的话夹在中间。民众只好站在中间不知走哪条路好，这也是圣人为他们哭泣的原因。"

另一种说法是：延陵卓子骑一匹毛上涂有苍龙和野鸡纹的骏马，前边有交错的钩勒，后边有锋利的鞭刺，要前进就拉它们，要后退就鞭刺它们。马往前不能进，往后不能退，为了躲避延陵卓子就乱跑起来，延陵卓子于是下车抽刀砍马的脚。造父看见后哭了起来，整天不吃饭，于是仰天长叹说："鞭子，是用来使马前进的，却有交错的钩勒在前边；拉的缰绳，是用来使马后退的，却有锋利的鞭刺在后边。现在君主因为某个人廉洁而提拔他，又因为他不会迎合左右近臣而罢免他；君主因为某个人公正而赞誉他，又因为他不听从指派而废黜他。这样百姓因此而害怕，站在中间不知该怎么办，这就是贤明君主之所以哭泣的原因。"

难　势

慎子曰：飞龙乘云，腾蛇游雾，云罢雾霁，而龙、蛇与蚓、蚁同矣，则失其所乘也。贤人而诎于不肖者，则权轻位卑也；不肖而能服于贤者，则权重位尊也。尧为匹夫，不能治三人；而桀为天子，能乱天下。吾以此知势位之足恃，而贤智之不足慕也。夫弩弱而矢高者，激于风也；身不肖而令行者，得助于众也。尧教于隶属而民不听，至于南面而王天下，令则行，禁则止。由此观之，贤智未足以服众，而势位足以屈贤者也。

慎到说：飞龙乘着云，腾蛇在雾里飞行，然而云雾一旦消散，龙蛇就跟蚯蚓、蚂蚁一样了，因为他们失去了所依靠的云雾。德才高的人屈服于无能的人，是因为有才能的人权力弱小，地位低下；无能的人能被贤人制服，是因为贤人权力强，地位尊贵。如果尧是普通百姓，连三个人也管理不好；然而夏桀是君主，却能扰乱整个国家。我由此认识到权力和地位是互相依靠的，贤人、智者是不值得羡慕的。弓的力量小，而箭却射得很高，那是由于风的推动；本身没有能力却使政令施行，是由于众人的帮助。尧地位低下时对人施教，人们并不听从；等他处在君王地位统治天下时，他命令做的，大家马上执行，他禁止的，大家马上停止。由此看来，贤人、智者并不能制服众人，权力和地位却能令贤人、智者屈服。

应①慎子曰：飞龙乘云，腾蛇游雾。吾不以龙、蛇为不托于云、雾之势也。虽然，夫释②贤而专任势，足以为治乎？则吾未得见也。夫有云、雾之势而能乘游之者，龙、蛇之材③美之也；今云盛而蚓弗能乘也，雾醲④而蚁不能游也，夫有盛云酿雾之势而不能乘游者，蚓蚁之材薄也。今桀、纣南面而王天下，以天子之威为之云雾，而天下不免乎大乱者，桀、纣之材薄也。

【注释】
①应：答复此处有"责难"之意。②释：抛弃。③材：资质。④醲：通"浓"。

有人责难慎到说：飞龙腾蛇，乘云驾雾，在空中飞游。我并不认为龙蛇可以不依靠云雾之势而飞行。虽然这样，不依靠贤人而单靠权势就能治理好国家？那是我没有见到过的。有了云雾这种条件，能够乘云驾雾飞游，那是龙蛇的资质好；现在，尽管稠云密布，蚯蚓却不能驾云，大雾弥漫，蚂蚁却不能游走。有了稠云浓雾这种条件却不能腾云驾雾飞游，是因为蚯蚓、蚂蚁的资质差。夏桀、商纣当上国王统治天下，把天子之威严当作腾驾飞游的云雾，而天下依然不能避免出现大乱，这是因为桀、纣的资质低劣。

且其人①以尧之势以治天下也,其势何以异桀之势也,乱天下者也?夫势者,非能必使贤者用之,而不肖者不用之也。贤者用之则天下治,不肖者用之则天下乱。人之情性②,贤者寡而不肖者众。而以威势之利济乱世之不肖人,则是以势乱天下者多矣,以势治天下者寡矣。夫势者,便治而利乱者也。故《周书》③曰:"毋为虎傅翼④,将飞入邑⑤,择人而食之。"夫乘不肖人于势,是为虎傅翼也。桀、纣为高台⑥深池⑦以尽民力,为炮烙以伤民性。桀、纣得乘肆行者,南面之威为之翼也。使桀、纣为匹夫,未始行一而身在刑戮矣。势者,养虎狼之心而成暴乱之事者也,此天下之大患也。势之于治乱,本末有位也,而语专言势之足以治天下者,则其智之所至者浅矣。

况且慎到认为用尧的权势可以治理好天下,那么尧的权势与桀扰乱天下的权势有什么不同呢?权势这种东西,不能一定让贤者使用它,而无能之人不能使用它。只不过贤者使用它就治理好天下,无能的人使用它则使天下大乱。人先天具有的本质,世上贤能的人少而无能的人多,如果把威势的有利条件给扰乱天下的人、无能的人利用,这样的话,凭借权势扰乱天下的人多了,借权势来治理天下的人就少了。权势既便利于治理整顿天下,也便利于扰乱天下。所以《逸周书》说:"毋为虎傅翼。将飞入邑,择人而食之。"如果让无能的人得到权势,就是为虎增添翅膀。夏桀、商纣建高台、挖酒池而耗尽民力,设置炮烙酷刑残害人民生命,桀、纣之所以做出这些放纵的行为,是因为有天子的威势作为他们的翅膀。如果桀、纣是一介平民,恐怕还没有干完一件坏事,就要被处死了。权势是培养虎狼之心进而成就暴乱的东西,是天下的一大祸害。权势对于天下的治理与混乱,本来就没有一定的联系,那些专讲权势能够治理好天下的人,他们的智力所能达到的程度也太肤浅了。

夫良马固车,使臧获御之,则为人笑。王良御之,而日取①千里。车马非异也,或至乎千里,或为人笑,则巧拙相去远矣。今以国位为车,以势为马,以号令为辔②,以刑罚为鞭策③,使尧、舜御之,则天下治,桀、纣御之,则天下

【注释】

①其人:指慎到。②情性:人先天具有的本质。③《周书》:即《逸周书》。④傅翼:增添翅膀。傅:通"附",附着。⑤邑:泛指城市。⑥台:一种用土筑成的正方形建筑物。⑦深池:酒池。

【注释】

①取:通"趋"。快速奔跑。②辔:

乱，则贤不肖相去远矣。夫欲追速致远，不知任王良，欲进利除害，不知任贤能，此则不知类④之患也。夫尧、舜，亦治民之王良也。

马缰绳。③鞭策：马鞭。④类：类比。

良好的马匹，坚固的马车，让一个奴仆去赶就会被别人讥笑，让王良来驾驶就会日行千里。同是一辆车马，有的可以日行千里，有的则被人讥笑，这是因为赶车技术的好坏相距太远了。如果把国家比作车，把权势比作马，用号令作为马的缰绳，用刑罚作为马鞭，让尧、舜驾驭天下就治理得好，让桀、纣驾驭它就会使天下混乱，那是因为贤者与不贤者的品德才能相差太远了。要想车马跑得快、行得远，不知道任用王良；要想兴利除害，不知道任用贤能之人，这就是不懂得同类相推的弊病。尧、舜也就是管理民众的王良啊。

且夫尧、舜、桀、纣千世①而一出，是比肩随踵②而生也。世之治者不绝于中③，吾所以为言势者，中也。中者，上不及尧、舜，而下亦不为桀、纣，抱法处势则治，背法去势则乱。今废势背法而待尧、舜，尧、舜至乃治，是千世乱而一治也；抱法处势而待桀、纣，桀、纣至乃乱，是千世治而一乱也。且夫治千而乱一，与治一而乱千也，是犹乘骥④、騄⑤而分驰也，相去亦远矣。夫弃隐栝⑥之法，去度量之数，使奚仲⑦为车，不能成一轮。无庆赏之劝，刑罚之威，释势委⑧法，尧、舜户说而人辩⑨之，不能治三家。夫势之足用亦明矣，而曰"必待贤"，则亦不然矣。

【注释】

①世：古代以三十年为一世。"千世"形容时间很长。②比肩随踵：肩挨肩脚跟脚。③中：指中等才能的人。④骥：千里马。⑤騄：即騄駬，古代名马。⑥隐栝：木工所用工具，使弯曲竹木平直。⑦奚仲：传说古代造车的巧匠。⑧委：抛弃。⑨辩：劝说。

况且尧、舜、桀、纣很长时间才出现一个，这就是算肩挨肩脚跟脚地出现了。历代治国的君主在中等才能的人中不断出现，我之所以讲势治，就是为这些中等才能的君主。中等才能的君主，比上赶不上尧、舜，比下也不像桀、纣。只要他们坚守法度拥有权势就能治理好天下，背离法度丢下权势就会使天下混乱。如果放弃权势背离法度来等待像尧、舜那样的君王，像尧、舜那样的君主出现时天下才会治理好，这就将使天下千世混乱而一世太平。相反，坚守法度拥有权势来等待像桀、纣那样的君主，只有像桀、纣那样的君主出现时，天下才会混乱起

来，这就将使天下千世大治而一世混乱。千世太平与一世混乱和一世太平而千世混乱就像驾着好马背道而驰，距离越来越远。如果丢下隐栝矫正木材的方法，放弃用尺子计量长短，让奚仲造车，即使一个轮子他也造不出来。没有奖赏的鼓励、刑罚的威慑，而放下权势抛弃法度，即使尧、舜挨家挨户一个人一个人地劝说，也不能管理好三家。由此看来，权势完全能用来治理天下，这道理也就再明白不过了，而要说"一定要等贤人出现才能治理好天下"，也是不对的。

且夫百日不食以待粱肉①，饿者不活；今待尧、舜之贤乃治当世之民，是犹待粱肉而救饿之说也。

夫曰："良马固车，臧获御之则为人笑，王良御之则日取乎千里。"吾不以为然。夫待越人之善海游者以救中国之溺人，越人善游矣，而溺者不济矣。夫待古之王良以驭今之马，亦犹越人救溺之说也，不可亦明矣。夫良马固车，五十里而一置②，使中手御之，追速致远，可以及也，而千里可日致也，何必待古之王良乎？且御，非使王良也，则必使臧获败之；治，非使尧、舜也，则必使桀、纣乱之。此味非饴③蜜也，必苦菜、亭历④也。此则积辩累辞，离理失术，两末之议也，奚可以难是道理之言乎哉？客议未及论也。

【注释】
①粱肉：精美的饭菜。②置：供驿马中途休息的地方。③饴：用麦、米制成的糖浆。④亭历：草药名。

如果让人一百天不吃食物而等待精美的饭菜，那么挨饿的人就活不成；假如要等待像尧、舜那样的贤人来治理当今的百姓，就好像等待好饭菜来解救挨饿的人的说法一样。

有人说："好的马、坚固的车，奴婢赶着它就会被人讥笑，王良驾着它就能日行千里。"我认为这样说很正确。假若等待东南沿海一带善于在海中游泳的人来拯救中原地区被水淹的人，即使沿海的人水性再好，被水淹的人也得不到帮助。等待古代的王良来驾驭当今的马，也像"越人救溺"的说法一样，显然是行不通的。有了好马与坚固的车，途中每五十里有一个驿站，让一个中等驭手赶车，想要车马跑得远、行得快是能够做到的。千里路程一日可以到达，为什么一定要等古代的王良呢？一提到驾车，不是用王良就一定是用奴婢把车驾坏；一提到治国，不是使用尧、舜，就一定是用桀、纣扰乱天下。这就像一提到味道，不是蜜糖就一定是苦菜、葶苈一样。这种积累的诡辩说辞，背离治国道理与法术，走两个极端的议论，怎么能驳倒合乎道理的言论呢？客人的议论比不上慎到的势治之说啊。

定 法

问者曰："申不害①、公孙鞅②，此二家之言孰急于国？"

应之曰："是不可程③也。人不食，十日则死；大寒之隆，不衣亦死。谓之衣食孰急于人，则是不可一无也，皆养生之具也。今申不害言术而公孙鞅为法。术者，因任④而授官、循名而责实，操杀生之柄，课⑤群臣之能者也。此人主之所以执也。法者，宪令著于官府、刑罚必于民心，赏存乎慎法，而罚加乎奸令⑥者也。此臣之所师也。君无术则弊于上，臣无法则乱于下，此不可一无，皆帝王之具也。"

【注释】
①申不害：战国时法家代表人物，郑国人。曾任韩昭侯的相十五年。②公孙鞅：商鞅。③程：比较。④任：承担事物、解决事情的能力。⑤课：考察。⑥奸令：奸通"干"，犯、扰乱。令，法令。此处指扰乱法令的人。

译文

有人问："申不害、商鞅，这两家的言论，哪一家言论是治理国家所急需的？"

回答说："这两家的言论是不可以这样比较的。人如果不吃饭，十天就会死去；特别寒冷时，如果不穿衣服也会被冻死。如果问穿衣服和吃饭，哪一样是人急需的，那么它们两者都是缺一不可的，都是生存所具备的东西。现在申不害主张术，商鞅施行法。所谓术，就是依据承受和办事的能力来授予官职，依据官职而要求做出相应的政绩。操纵生死的大权，考察大臣们的能力，这些是应该由君主来掌管的。所谓法，就是法令由官府制定，刑罚必须深入民心，使人民印象深刻，要奖赏那些遵守法令的人，要惩罚那些扰乱法治的人。这些是官吏们应该坚决实施的。君主如果没有术，在上面就会被蒙蔽；官吏如果没有法，在下面就会扰乱社会秩序。这两者缺一不可，都是帝王治理国家所必须具备的条件。"

问者曰："主用申子之术，而官行商君之法，可乎？"

对曰："申子未尽于法也。申子言：'治不愈官，虽知弗言。''治不逾官'，谓之守职也可；'知而弗言'，是不谓①过也。人主以一国目视，故视莫明焉；以一国耳听，故听莫聪

【注释】
①谓：告发。②齐：通"剂"。③加：施行。

焉。今知而弗言，则人主尚安假借矣？商君之法曰：'斩一首者爵一级，欲为官者为五十石之官；斩二首者爵二级，欲为官者为百石之官。'官爵之迁与斩首之功相称也。今有法曰：'斩首者令为医、匠。'则屋不成而病不已。夫匠者，手巧也；而医者，齐②药也；而以斩首之功为之，则不当其能。今治官者，智能也；今斩首者，勇力之所加③也。以勇力之所加而治智能之官，是以斩首之功为医、匠也。故曰："二子之于法术，皆未尽善也。"

　　有人问："君主运用申不害的术，而官吏们却推行商鞅的法，这样行不行得通？"

　　回答说："申不害在术方面还不完善，商鞅在法这方面还不完善。申不害说：'官吏处理政事不能超越本职的权限。自己职权外的事情就是知道了也不能讲。'处理政事不越权，就叫作恪守本职还算可以；本职以外的事情如果知道了也不说，知道坏事不告发是过错。君主用全国人的眼睛去看，那一定看得比谁都明白；用全国人的耳朵去探听，那一定听得比谁都清楚。如果官吏知道情况而不向上报告，那么君主还借助什么去了解情况呢？商鞅的法令规定：'杀死一个敌人的就赏一级爵位，想要做官，就要做年俸五十石的官；杀死两个敌人的就赏二级爵位，想要做官，就做年俸一百石的官。'官爵的提升与杀敌立功的大小是相称的。假设现在有法令说：'让杀敌立功的去当医生、工匠。'那么房子就会建不成，病就会治不好。工匠的手艺很巧，医生会配药，而让立功杀敌的人去从事这种工作，这是同他们的才能不相称的。今天担任官职的人，是有智慧和才能的；杀敌立功的人，是靠勇气和力量去拼的。如果让靠勇气和力量来立功的人去担任治理政事的官吏，这就同让杀敌有功的人去当医生或工匠一样。所以说：申不害和商鞅在法和术的方面都是不完善的。"

六 反

畏①死远难,降北之民也,而世尊之曰"贵生之士"。学道立方②,离法之民也,而世尊之曰"文学之士"。游居厚养,牟食之民也,而世尊之曰"有能之士"。语曲牟知,伪诈之民也,而世尊之曰"辩智之士"。行剑攻杀,暴憿③之民也,而世尊之曰"磏④勇之士"。活贼匿奸,当死之民也,而世尊之曰"任誉⑤之士"。此六民者,世之所誉也。赴险殉诚,死节之民,而世少之曰"失计之民"也。寡闻从令,全法之民也,而世少之曰"朴陋之民"也。力作而食,生利之民也,而世少之曰"寡能之民"也。嘉厚纯粹,整谷⑥之民也,而世少之曰"愚戆之民"也。重命畏事,尊上之民也,而世少之曰"怯慑之民"也。挫贼遏奸,明上之民也,而世少之曰"谄谗之民"也。此六民者,世之所毁也。奸伪无益之民六,而世誉之如彼;耕战有益之民六,而世毁之如此,此之谓"六反"。布衣循私利而誉之,世主听虚声而礼之,礼之所在,利必加焉。百姓循私害而訾之,世主壅⑦于俗而贱之,贱之所在,害必加焉。故名赏在乎私恶当罪之民,而毁害在乎公善宜赏之士,索国之富强,不可得也。

【注释】
①畏:害怕的意思。②方:方术,学说。③憿:通"侥"侥幸。④磏:锋芒毕露。⑤任誉:以友情为重,为朋友求情说好话。⑥整谷:正派善良。⑦壅:被蒙蔽。

译文

贪生怕死,逃避战争,是投降逃亡的人,而世人却尊称他们为珍惜生命之人。学习仁义道德,创建学说,是触犯法律的人,而世人却尊称他们为通晓经典文献的人。游手好闲却享受丰厚俸养,是掠夺他人食物不劳而获的人,而世人却尊称他们为有才能的人。满嘴歪理,只会玩弄智巧的人,是虚伪欺诈之人,而世人尊称他们为善辩有智的人。用剑杀人,是凶暴而求侥幸的人,而世人却尊称他们为有锋芒而勇敢的人。包庇坏人隐藏坏事是应当被处死的人,而世人却尊称他们为以友情为重并为朋友扬善隐恶的人。这六种人,是世俗称赞有加的。为国家危难赴汤蹈火,为忠诚而献身,是为节气而死的人,而社会上却贬低他们

为不会算计的人。见闻虽少,服从法令,是遵守法律的人,而社会却贬低他们为浅陋无知的人。努力耕作,自食其力,是会创造财富的人,而社会却贬低他们为缺少才能的人。品德美好、敦厚,朴实纯正,是正派善良的人,而社会却贬低他们为愚蠢呆板的人。重视命令,谨慎做事,是尊重君主的人,而社会贬低他们为胆怯怕事之人。打击敌人,告发坏人,是使君主明理的人,而社会却贬低他们为逸媚小人。这六种人,是被世俗诋毁的人。奸诈虚伪无益于国家的人有六种,社会是如此的称赞他们;耕作劳动有益于国家的人也有六种,而社会却又如此的诋毁他们,这就叫"六反"。平民百姓根据自己的利益而称赞前六种人,君主听到虚名而礼遇他们。礼遇他们,必然会奖赏他们。百姓根据对自己的害处而诋毁后者,君主被世俗蒙蔽而轻贱他们,轻贱他们,就必然会惩罚他们。所以名声和奖赏就落在自私干坏事应当治罪的人头上。而诋毁和惩罚却落在无私、为公行善应当奖赏的人身上。这样的话,想让国家富强,是不可能的。

古者有谚曰:"为政犹沐也,虽有弃发,必为之。"爱弃发之费而忘长发之利,不知权者也。夫弹痤①者痛,饮药者苦,为苦惫之故不弹痤饮药,则身不活,病不已矣。今上下之接,无子父之泽,而欲以行义禁下,则交必有郄②矣。且父母之于子也,产男则相贺,产女则杀之。此俱出父母之怀衽③,然男子受贺,女子杀之者,虑其后便、计之长利也。故父母之于子也,犹用计算之心以相待也,而况无父子之泽乎?今学者之说人主也,皆去求利之心,出相爱之道,是求人主之过父母之亲也,此不熟于论恩,诈而诬也,故明主不受也。圣人之治也,审于法禁,法禁明著,则官法。必于赏惩,赏罚不阿,则民用。民用官治则国富,国富则兵强,而霸主之业成矣。霸王者,人主之大利也。人主挟大利以听治,故其任官者当能,其赏罚无私。使士民明焉,尽力致死,则功伐可立而爵禄可致,爵禄致而富贵之业成矣。富贵者,人臣之大利也。人臣挟大利以从事,故其行危至死,其力尽而不望。此谓君不仁,臣不忠,则不可以霸王矣。

【注释】
①弹痤:用石针割刺疮。②郄:通"隙",裂痕。③怀衽:怀抱。

译文

古代有句谚语:"行政事就像洗头一样,虽然要脱落头发,也一定要洗头。"舍不得废弃脱发而忽略生长新发的好处,是不

懂权衡利益关系。用石针割刺疮是很痛的,喝药是很苦的,因为怕苦而不割刺疮不吃药,就会活不下去,治不好病。现在君主和臣下的关系,不像父子之间具有那么深的恩德,可君主却用道义约束臣下,君臣之间的关系就必然会有裂痕。而且父母对于儿女,生男孩就互相祝贺,生女孩就溺死。儿女都从父母的怀抱中生出来,但男孩受祝贺,女孩却被溺死,是父母考虑到以后的好处,计算长久的利益。所以父母对于子女,况且用计算的心理对待,何况是没有父子恩情的人呢?现在学者游说君主,都让君主放弃求利之心,采用相爱的原则,是要求君主具有超过父母对子女的爱,这是不熟悉君臣父子之间的恩德,是诡

诈和欺骗,所以英明的君主不会接受。圣人治理国家,要审慎于法律禁令,法律禁令清楚明白,那么官吏就会依法治理。坚决实行赏罚,赏罚公正不偏私,百姓就会听从,百姓听从使唤,官吏尽心尽力,国家就能富强,国家富强,军队就会强大,霸主的事业就可成就。成为霸主,是君主最大的利益。君主怀着获大利的心情去治国,所以他任命有相当能力的人担任官吏,他的赏罚没有偏私。要使臣民明白,努力耕作,拼命作战,就可以建立功劳,可以得到爵位和俸禄;得到爵位和俸禄,就可以成就富贵之业。获得富贵,是人臣的最大利益。臣下怀着获大利的心情办事,所以肯冒险,即使用尽自己的力量也不怨恨,这就是说君主对臣下不一定要仁爱,臣下对君主不一定要尽私忠,就可以成就霸主事业了。

夫奸必知则备,必诛则止;不知则肆,不诛则行。夫陈轻货于幽隐,虽曾、史可疑也;悬百金于市,虽大盗不取也。不知,则曾、史可疑于幽隐;必知,则大盗不取悬金于市。故明主之治国也,众其守而重其罪,使民以法禁而不以廉止。母之爱子也倍父,父令之行于子者十母;吏之于民无爱,令之行于民也万父。母积爱而令穷,吏用威严而民听从,严爱之策亦可决矣。且父母之所以求于子也,动作则欲其安利也,行身则欲其远罪也。君上之于民也,有难则用其死,安平则尽其力。亲以厚爱关子于安利而不听,君以无爱利求民之死力而令行。明主知之,故不养恩爱之心而增威严之势。故母厚爱处,子多败,推爱也;父薄爱教笞,子多善,用严也。

坏人被察觉,他才会有所戒备;如果会被惩罚,他才会停止作恶。不会被察觉,他就会放肆作恶;不会被惩治,他便会继续作恶。把便于携带的宝物放在无人之处,即使是曾参、史鳅那样有德行的人也很可疑;而把白金悬挂在闹市,即使是大盗也不敢拿走。由于不会被察觉,在僻静无人之地,曾参、史鳅是否偷东西也值得怀疑;由于一定会被察觉,在闹市上大盗也不敢拿走悬挂的白金。所以英明的君主治理国家,要多设监守,加重刑罚,让百姓用法律约束自己而不是靠廉洁自爱而停止罪恶。母亲对孩子的爱比父亲深一倍,父亲的命令在孩子那里得以十倍于母亲施行；官吏对百姓没有慈爱，但他的命令得以万倍于父亲施行。母亲对子女厚爱，命令却行不通，官吏使用威严而百姓听从，那么是该用威严还是慈爱的策略，就可以断定了。况且父母对子女的要求，是希望他们做事、行动都安全。君主对于百姓的要求，是国家有难就用他们拼死作战，国家平安就让他们努力生产。父母由于厚爱而限制子女在安全有利的环境中，而子女不听从，君主没有慈爱要求百姓拼死出力，而且命令得以施行。英明的君主懂得这个道理，所以不培养仁爱之心而加强威严的权势。母亲对子女厚爱，子女多数变坏，这是滥用慈爱的后果；父亲比母亲的爱微薄，用竹板抽打教育，子女多半变好，这是使用威严的结果。

人皆寐①，则盲者不知；皆嘿②，则喑③者不知。觉而使之视，问而使之对，则喑盲者穷矣。不听其言也，则无术者不知；不任其身也，则不肖者不知。听其言而求其当，任其身而责其功，则无术不肖者穷矣。夫欲得力士而听其自言，虽庸人与乌获不可别也，授之以鼎俎，则罢健效矣。故官职者，能士之鼎俎也，任之以事，而愚智分矣。故无术者得于不用，不肖者得于不任。言不用而自文以为辩，身不任而自饰以为高。世主眩其辩、滥其高而尊贵之，是不须视而定明也，不待对而定辩也，喑盲者不得矣。明主听其言必责其用，观其行必求其功，然则虚旧之学不谈，矜诬之行不饰矣。

【注释】
①寐：熟睡。②嘿：默然无语状。③喑：哑。

译文

人都睡熟了，便无法辨别谁是瞎子；人都不讲话，便无法辨别谁是哑巴。睡醒了让他们看东西，提问让他们回答，那么哑巴、瞎子对此就没有办法了。不听他们讲话，就分辨不出谁是无术的人；不用他们做事，就辨识不出谁是没有才能的人。听他们说话而要求他们言行一致，用他们办事而责求他们办事的功效，那么无术和无才的人就无法应付了。要得到大力士，如果只听他们自吹自擂，即使是庸人和乌获那样的大力士也分不出来。但如果让他们举一举鼎和俎，那么谁疲弱无力谁健壮就分出来了。所以官职就是有能力的人的鼎和俎，让他们做事，愚蠢和聪明就分开了。所以无术的人由于言论未经检验而不采纳得以蒙混，无才的人由于办事未经考察而不被任用暂时得

到好处。言论不被采用,就自我修饰,认为自己雄辩;自己不被任用,便自我夸饰,认为自己高明。君主被他们的善辩迷惑,盲目看重他们的高明,而让他们尊贵,就像不等待观看就确定他们视力好,不等回答就确定他们口才好。这样,谁是哑巴谁是盲人就分不出来了。英明的君主听取言论一定要责求它的作用,考察行动一定要求它的功效,这样,那些虚伪陈旧的学说就没人谈了,矜夸蒙骗的行为就无法掩饰了。

五 蠹

古者丈夫不耕,草木之实足食也;妇人不织,禽兽之皮足衣也。不事力而养足,人民少而财有余,故民不争。是以厚赏不行,重罚不用,而民自治。今人有五子不为多,子又有五子,大父未死而有二十五孙。是以人民众而货财寡,事力劳而供养薄,故民争,虽倍赏累罚而不免于乱。

古时候男人不耕地,是因为草木的果实足够吃;妇女不织布,是因为禽兽的皮毛足够穿。不花费力气就能得到充足的生活资料,人民少并且财物有所剩余,所以人民不争夺。不用厚赏,也不需重罚,人民的生活自然安定。现在的人有五个儿子不算多,每个儿子又有五个儿子,祖父没死就有二十五个孙子。人民多而货财少,努力劳动而供养微薄,所以人民相互争夺,虽然加倍的奖赏、屡次的惩罚,也不能避免社会的动荡不安。

夫古今异俗,新故异备。如欲以宽缓之政治急世之民,犹无辔策而御駻马,此不知①之患也。今儒、墨皆称先王兼爱天下,则视民如父母。何以明其然也?曰:"司寇②行刑,君为之不举乐③;闻死刑之报④,君为流涕。"此所举先王也。夫以君臣为如父子则必治,推是言之,是无乱⑥父子也。人之情性,莫先于父母,皆见⑦爱而未必治也。君虽厚爱,奚⑧遽⑨不乱?今先王之爱民,不过父母之爱子;子

【注释】

①知:通"智",明智。②司寇:官名。掌管刑狱、纠察等事。③举乐:奏乐。④报:断狱,判决罪人,向上讲

未必不乱也，则民奚遽治哉？且夫以法行刑，而君为之流涕，此以效⑩仁，非以为治也。夫垂泣不欲刑者，仁也，然而不可不刑者，法也。先王胜其法，不听其泣，则仁之不可以为治亦明矣。

报。⑤举：称引。⑥乱：逆乱，有矛盾。⑦见：同"现"，表现出。⑧奚：怎么，难道。⑨遽：就。⑩效：显示。

古今的社会情况不同，新旧的政治措施也不一样。倘若想以宽厚缓和的政治措施治理处于急剧变化时代的人民，就像不用鞭子来驯服烈马一样，这是不明智所带来的后果。现在儒、墨两家都称赞先王爱天下，对待人民，就像父母对待孩子一样。用什么来说明先王是这样的呢？他们说："司寇行刑的时候，君主为此而停止奏乐；听到囚犯被执行死刑后，君主为此而落泪。"这就是他们所称引先王兼爱天下的例子。倘若认为君王和臣子的关系像父子的关系一样，天下一定能够治理好，那么由此推出，天下就没有有矛盾的父子了。人的感情没有超过父母对自己子女的疼爱的，虽然父母都表现出对自己子女的疼爱，但家庭也不一定和睦。君主对臣民虽然爱得深厚，难道就没有矛盾吗？先王爱人民，不超过父母爱自己的子女；子女也不一定不背弃父母，那么百姓难道就一定能治理得好吗？而且司寇按照法令执行刑罚，君主因为这件事落泪，这样来表示仁义是可以的，但并不是用来治理国家的方法。落泪而不想用刑罚，这是君主的仁爱；然而不能不施行刑罚，这是国家的法则。先王仍要执行国家的法令，不能听凭自己的感情，那么仁义不能用来治理国家的道理，也就显而易见了。

　　且民者固服于势，寡能怀于义。仲尼，天下圣人也，修行明道以游海内，海内说其仁、美其义而为服役者①七十人。盖贵仁者寡，能义者难也。故以天下之大，而为服役者七十人，而仁义者一人②。鲁哀公，下主也，南面③君④国，境内之民莫敢不臣。民者固服于势，势诚易以服人，故仲尼反为臣而哀公顾⑤为君。仲尼非怀其义，服其势也。故以义，则仲尼不服于哀公；乘势，则哀公臣仲尼。今学者⑥之说人主也，不乘必胜之势，而务行仁义，则可以王，是求人主之必及仲尼，而以世之凡民皆如列徒⑦，此必不得之数⑧也。

【注释】
①服役者：指孔子的门徒。②一人：孔子。③南面：古代国君朝南而坐，表示尊贵。④君：统治。⑤顾：反而。⑥学者：儒生。⑦列徒：孔子的门徒。⑧数：道理，方法。

译文

况且平民本来就屈服于权势，很少能被仁义感化。作为天下的一个大圣人，孔子修心养性，推行仁义道德，周游列国，天下的人欣赏他的仁、赞美他的义，然而成为孔子门徒的只有七十人。这是因为看重仁的人少，能做到义的很难。所以天下那么大，而能为孔子效劳的人只有七十个，而真正做到仁义的只有孔子一人。作为一个才智低下的君主，鲁哀公坐在朝廷里统治着鲁国，国内没有人敢不顺从。平民本来就屈服于权势，权势确实很容易使人屈服，所以孔子反而成了臣子，而鲁哀公反而成了君王。孔子并不是爱慕鲁哀公的仁义，而是屈服于他的权势。所以就仁义来说，孔子不会臣服于鲁哀公；而凭借权势，鲁哀公可以让孔子向自己称臣。现在儒生们游说君主，不必凭借胜人的权势，而必须推行仁义才能统治天下，这样做是要求君主一定要达到孔子那样的境界，要求天下的平民百姓都像孔子的门徒一样，这个道理一定行不通。

今有不才之子，父母怒之弗为改，乡人谯①之弗为动，师长教之弗为变。夫以父母之爱、乡人之行②、师长之智三美加焉，而终不动，其胫毛不改。州部之吏，操官兵、推公法，而求索奸人，然后恐惧，变其节，易其行矣。故父母之爱不足以教子，必待州部之严刑者，民固骄于爱、听于威矣。故十仞之城，楼季③弗能逾者，峭也；千仞之山，跛牂④易牧者，夷也。故明王峭其法而严其刑也。布帛寻常⑤，庸人不释；铄⑥金百溢⑦，盗跖不掇。不必害，则不释寻常；必害手，则不掇百溢。故明主必其诛也。是以赏莫如厚而信，使民利之；罚莫如重而必，使民畏之；法莫如一而固，使民知之。故主施赏不迁⑧，行诛无赦，誉辅其赏，毁随其罚，则贤、不肖俱尽其力矣。

【注释】

①谯：斥责。②行：品行。③楼季：战国时魏文王的弟弟，善攀登。④牂：母羊。⑤寻常：古代长度的计算单位，八尺为一寻，两寻为一常。⑥铄：熔化。⑦溢：通"镒"，古代重量计算单位。⑧迁：改变。

译文

如果有不成才的孩子，父母对他发怒，他不改变；乡人斥责他，他也无动于衷；师长教化他，他也不肯改变。把父母的疼爱、乡人的品行、师长的智慧，三样美好的东西加起来，而他始终不被感动，丝毫也不改变。直到政府的官吏率领官兵，执行国家的法令去捉拿坏人时才感到害怕，才改变他的品行，改变他的

坏行为。所以父母的疼爱不能教育好子女,一定要靠政府官吏执行严厉的刑罚才行。这是由于民众受宠爱而易骄纵、受到威吓而易服从的缘故。所以有十仞那么高的城墙,就算是善于攀登的楼季也不能攀越过,这是因为城墙太陡峭;千仞高的大山,就算是跛腿的母羊也容易放牧,这是因为它坡度平缓。所以英明的君主总是严峻地制定法令并严格地执行刑罚。一丈左右的粗布,平常人都会爱不释手;熔化着的百镒黄金,即使是盗跖也不敢拿。不一定会受到伤害时,就连一丈左右的粗布都不肯放弃;一定会烫伤手时,即使是百镒的黄金都不敢去拿。所以圣明的君主必须坚决执行惩罚。赐赏就要优厚而有信用,使人民认为它有利;惩罚要重而且要坚决执行,使人民害怕它。法令最好是统一而且固定的,使人民了解它。所以,君主施行奖赏的时候不应犹豫,执行惩罚而不会给予赦免,信誉可以辅助奖赏的不足,执行惩罚同时表明其罪名,那么有才德的人和没有才德的人都会尽自己的力量为国家效劳。

今则不然。以其有功也爵之,而卑其士官也;以其耕作也赏之,而少其家业也;以其不收①也外②之,而高其轻世也;以其犯禁也罪之,而多其有勇也。毁誉、赏罚之所加者,相与悖缪也,故法禁坏而民愈乱。今兄弟被侵必攻者,廉也;知友被辱随仇者,贞也。廉贞之行成,而君上之法犯矣。人主尊贞廉之行,而忘犯禁之罪,故民程于勇,而吏不能胜也。不事力而衣食,则谓之能;不战功而尊,则谓之贤。贤能之行成,而兵弱而地荒矣。人主说贤能之行,而忘兵弱地荒之祸,则私行立而公利灭矣。

【注释】
①不收:不肯被录用。②外:拒绝,疏远。

译文

如果不是这样。因为他有功劳,就授爵位给他,但是鄙视他做官;因为他努力耕种就奖赏他,但轻视他经营家业;因为他不肯被录用而疏远他,却推崇他淡泊名利;因为他触犯法令而惩罚他,却又赞美他的勇敢。在责备和赞扬、奖赏和惩罚的执行过程中,是相互矛盾的,所以法令遭到破坏而民的行为也越发混乱。如果自己的兄弟被人侵犯,就一定会帮他向别人还击,这就是所谓的"廉";如果知道自己的朋友被人侮辱了,就随着朋友一起去报仇,这就是所谓的"贞"。如果"廉"、"贞"的风气形成了,那么君主制定的法令就会遭到破坏。君主推崇"贞"、"廉"的品德,而忽视他们触犯法令的罪行,所以人民敢于显示自己的勇猛,使官吏不能管理好他们。不从事体力劳动就能得到食物和衣服,却称他有本事;不作战立功就能获得爵位,却称他有才能。"贤"、"能"的风气形成了,国家的军队就会被削弱,土地就会荒芜。君主欣赏"贤"、"能"的品德,却忽视了军队被削弱和土地贫瘠所带来的灾难,那么谋私利的行为就会存在,而国家的利益就会荡然无存。

  古者仓颉之作书也,自环者谓之私,背私谓之公。公私之相背也,乃仓颉固以知之矣。今以为同利者,不察之患也。然则为匹夫计者,莫如修行义①而习文学。行义修则见信,见信则受事②;文学习则为明师,为明师则显荣:此匹夫之美也。然则无功而受事,无爵而显荣,为有政如此,则国必乱,主必危矣。故不相容之事,不两立也。斩敌者受赏,而高慈惠之行;拔城者受爵禄,而信廉爱③之说,坚甲厉兵以备难,而美荐④绅之饰;富国以农,距⑤敌恃卒,而贵文学之士;废敬上畏法之民,而养游侠私剑之属。举行⑥如此,治强不可得也。国平养儒侠,难至用介⑦士。所利非所用,所用非所利。是故服事者简其业,而游学者日众,是世之所以乱也。

【注释】
①行义:品行与道义。②受事:接受委托的工作,即获得官职。③廉爱:兼爱。④荐:通"搢",插。⑤距:通"拒"。⑥举行:政治措施。⑦介:铠甲。

  古代仓颉创造文字时,他把为自己打算叫作私,把不为自己打算叫作公。公与私是相反的,这个道理是仓颉早就知道的。现在认为公私利益相同,这是不仔细审察所造成的祸患。既然这样,那么为平民打算的,没有比修养品德、学习文字更好的了。品德修养好了,就可以被信任,被君主信任就能获得官职;文学研习好了,就可以成为老师,成为老师就可以显贵荣耀:这是个人最美满的事。但是没有功劳却获得官职,没有爵位却能显贵荣耀。如果这样处理政事,国家必然混乱,君主必然危险。所以不能相容的事,不能并存。斩杀敌人的人受赏赐,却又重视仁慈的品行;攻城克敌的人接受爵位俸禄,却又信奉兼爱的学说;坚固铠甲,练兵防备战乱,又赞美宽袍大袖的服饰;富国靠农民,抗拒敌人靠士兵,却又推崇研究经典的学士;不用那些尊敬君主、遵守法令的人,却又供养游侠刺客之类的人。这样的政治措施,是不可能让国家富强的。国家安定时,收养儒生和侠客,战争到来时却要用甲士。给予利益的人不是所要用的人,

所要用的人不是给予利益的人,所以从事耕战的人,荒废了自己的事业,而游侠、学士日益增多,这就是世上日益混乱的原因。

且世之所谓贤者,贞信之行也;所谓智者,微妙之言也。微妙之言,上智之所难知也。今为众人法,而以上智之所难知,则民无从识之矣。故糟糠不饱者不务粱肉,短褐不完者不待文绣。夫治世之事,急者不得,则缓者非所务也。今所治之政,民间之事、夫妇所明知者不用,而慕上知之论,则其于治反矣。故微妙之言,非民务也,若夫贤良贞信之行者,必将贵不欺之士;不欺之士者,亦无不欺之术也。布衣相与交,无富厚以相利,无威势以相惧也,故求不欺之士。今人主处制人之势,有一国之厚,重赏严诛,得操其柄,以修明术之所烛,虽有田常、子罕之臣,不敢欺也,奚待于不欺之士?今贞信之士不盈于十,而境内之官以百数,必任贞信之士,则人不足官。人不足官,则治者寡而乱者众矣。故明主之道一法而不求智,固术而不慕信。故法不败,而群官无奸诈矣。

况且世上所说的贤,是指忠贞守信的行为;所说的智,是指深奥玄妙的言辞。深奥玄妙的言辞,即使是智慧很高的人也难以理解。现在为民众制定法令,就连智慧很高的人也难以理解,那么民众也没有办法懂得。所以连糟糠都吃不饱的人,不会追求精美的饭食;粗布短衣都不完整的人,不会渴望有用刺绣缝制的华丽衣服。治理国家的大事,如果急切要解决的事得不到处理,那么可以从缓的事情就不用忙着去干。现在用来治国的政治措施,那些民间习以为常的事理,或是普通男女都知道的道理,一概不用,却去追求智慧高的人也难以理解的言论,这跟治国之道是相反的。所以深奥玄妙的言辞,不是百姓所需要的。遵从忠贞诚信的行为,就必然尊重诚实不欺的人;尊重诚实的人,也没有使人不搞欺骗的办法。平民百姓之间的交往,没有丰厚的钱财可以互相利用,没有权势可以互相威胁,所以追求诚实可信的人。现在君主处在统治别人的地位,拥有整个国家的财富,掌握着重赏严罚的大权,可以处理好用术所洞察到的问题,即使有田常、子罕这样的臣子,也不敢欺骗君主,为什么还要期待诚实、守信的人呢?现在忠贞守信的人极少,而国境内的官吏数以百计,一定要任用忠贞守信的人,人数就不能满足官职的需要。人数不能满足官职的需要,那么能把政事治理好的人就很少,而扰乱政事的人就多了。所以英明君主的治国之道,在于专一用法而不追求用智,坚定地用术而不追求诚信。这样法治不会被败坏,群官也没有奸诈的行为了。

故明主之国,无书简之文,以法为教;无先王之语,以吏为师;无私剑之悍,以斩首为勇。是境内之民,其言谈者必轨于法,动作者归之于功,为勇者尽之于军。是故无事则国富,有事则兵强。此之谓王资。既畜王资而承敌国之衅,超五帝①侔三王②者,必此法也。

【注释】
①五帝:黄帝、颛顼、帝喾、唐尧、虞舜。②三王:夏禹、商汤、周文王。

所以英明君主的国家,摒弃古代的经典,而以法令做教材;不搬出先王的言论,而以官吏为教师;制止游侠、刺客的凶悍活动,而把杀敌立功视为勇敢。所以国内的百姓,那些巧言善辩的人一定要遵循法令讲话,从事劳动的人都让他们回到农业生产中去,勇猛的人让他们到军队中服役。这样,和平的时候,国家十分富足;战争的时候,兵力也很强大,这就是一统天下的条件。既有一统天下的条件,又能利用敌国的弱点,那么想要超过三皇五帝,就一定要采取这个方法。

民之政①计,皆就安利如辟危穷。今为之攻战,进则死于敌,退则死于诛,则危矣。弃私家之事而必汗马之劳,家困而上弗论,则穷矣。穷危之所在地,民安得勿避?故事私门而完解舍②,解舍完则远战,远战则安。行货赂而袭当涂者,则求得;求得,则私安,私安则利之所在,安得勿就?是以公民少而私人众矣。

【注释】
①政:通"正"。
②完解舍:解舍,免除赋税。指具备了免除赋税、兵役的条件。

人们通常的打算,都是追求安定和利益,而避免危险和穷困。现在让人民去作战,前进就会被敌人杀死,退后就会被处罚,两种情况都是危险的。抛弃自己的家事,坚决去承受作战的劳苦,家庭有困难上级不过问,那他的家可就困苦了。面临穷困和危险的处境,百姓怎么会不逃避呢?所以他们就去侍奉权贵,这样就有免除兵役的条件,免除了兵役就可以远离战争,远离战争就可以保证安全。用钱财和物质去贿赂并依附权贵,

就能使自己的要求得到满足；要求得到满足了，就能保全自己。保全自己就是很明显的利益，怎么能不追求呢？这样，为国家效力的人就少了，为私人权贵效力的人就多了。

夫明王治国之政，使其商工游食之民少而名卑，以寡趣本务而外末作。今世近习之请行，则官爵可买；官爵可买，则商工不卑也矣。奸财货贾得用于市，则商人不少矣。聚敛倍农，而致尊过耕战之士，则耿介之士寡而高价之民多矣。

英明君主治理国家的政策，总是使工商业者和无业游民尽

量减少,并使他们的名位低贱,以使人们从事农耕而轻视经营工商业。现在社会上向君主亲近的人请托的风气很盛行,这样就可以买到官爵;买到官爵,那么从事工商业的人的地位就不会低下了。投机倒把的商业活动就会在市场交易中出现,那么商人就不会少了。奸商的财富是农民收入的几倍,地位也比从事耕战的人高,这样光明正大的人就会减少,而从事工商业的人就增多。

是故乱国之俗:其学者则称先王之道以籍仁义,盛容服而饰辩说,以疑当世之法,而贰人主之心。其言谈者,为设诈称,借于外力,以成其私,而遗社稷之利。其带剑者聚徒属,立节操,以显其名而犯五官之禁。其患御者,积于私门,尽货赂,而用重人之谒,退汗马之劳。其商工之民,修治苦窳①之器,聚弗靡之财,蓄积待时,而侔农夫之利。此五者,邦之蠹也。人主不除此五蠹之民,不养耿介之士,则海内虽有破亡之国、削灭之朝,亦勿怪矣。

【注释】

① 窳:粗劣。

译文

所以造成国家混乱的社会风气是:那些称颂先王的治国之道而借仁义进行说教的人,讲究仪表服饰,又会修饰言辞,用来破坏当代社会的法治,迷惑君主实行法治的决心。那些纵横家,弄虚作假,借助其他国家的势力来谋得个人私利,却把国家的利益抛在脑后。那些游侠、刺客聚集在一起,标榜气节,用来显扬他们的名声,而触犯了国家的法律。那些免除兵役的人聚集在权贵的门下,贿赂和依附着权贵,逃避出征的劳苦。那些工商业者,制造出粗劣的器物,将一些质量不好的生活用品囤积起来,看准时机再出售,以此来谋取农民的利益。这五种人,就是国家的蛀虫。君主如果不铲除这五种危害国家的人,不培养光明正大的人,那么天下即使出现残破覆亡的国家、地削国灭的朝廷,也是不足为奇的了。

显 学

世之显学①,儒、墨也。儒之所至,孔丘也。墨之所至,

【注释】

①显学：指声名显赫的儒、墨两家学派。

墨翟也。自孔子之死也，有子张之儒，有子思之儒，有颜氏之儒，有孟氏之儒，有漆雕氏之儒，有仲良氏之儒，有孙氏之儒，有乐正氏之儒。自墨子之死也，有相里氏之墨，有相夫氏之墨，有邓陵氏之墨。故孔、墨之后，儒分为八，墨离为三，取舍相反不同，而皆自谓真孔、墨，孔、墨不可复生，将谁使定世之学乎？孔子、墨子俱道尧、舜，而取舍不同，皆自谓真尧、舜，尧、舜不复生，将谁使定儒、墨之诚乎？殷、周七百余岁，虞、夏二千余岁，而不能定儒、墨之真；今乃欲审尧、舜之道于三千岁之前，意者其不可必乎！无参验而必之者，愚也；弗能必而据之者，诬也。故明据先王，必定尧、舜者，非愚则诬也。愚诬之学，杂反之行，明主弗受也。

当今世上最显赫的学派是儒家和墨家。儒家学说达到最高峰的人是孔丘，墨家学说达到最高峰的人是墨翟。自从孔丘死后，儒家有子张、子思、颜氏、孟氏、漆雕氏、仲良氏、孙氏、乐正氏各门各派。自从墨翟死后，墨家有相里氏、相夫氏、邓陵氏各门各派。所以孔丘、墨翟以后，儒家分为八个流派，墨家分离为三个流派，他们择取与舍弃的相反或不同，但都认为自己是孔丘、墨翟的真传。孔丘、墨翟不能复活，让谁来鉴定当世这些学派的真假呢？孔子、墨子都说尧、舜，但他们的选取与舍弃内容不一样，可都认为自己是尧、舜的真传。尧、舜不能复活，让谁来鉴定儒、墨两家学说哪一家是尧、舜的真传呢？殷末周初距现在七百余年，虞末夏初距现在两千多年，尚且不能判定儒家、墨家两个学派哪个真，哪个假。现在却要判定三千年以前的尧、舜之道，想来更是不能确定吧！对事物实际效果没有经过验证就肯定它，那是愚蠢。不能确定却把它作为根据，那是欺骗。所以，公开地把先王之道作为依据，一定要肯定尧、舜的一切，不是愚蠢就是欺骗。愚蠢和欺骗的学说，杂乱矛盾的行为，英明的君主是不会接受的。

【注释】

①实：充实、充满。②饥馑：泛指饥荒之年。③疾疚：长年患病。

今世之学士语治者，多曰："与贫穷地以实①无资。"今夫与人相若也，无丰年旁入之利，而独以完给者，非力则俭也。与人相若也，无饥馑②、疾疚③、祸罪之殃，独以贫穷者，非侈则惰也。侈而惰者贫，而力而俭者富。今上征敛于富人以布施于贫家，是夺力俭而与侈堕也。而欲索民之疾作而节用,不可得也。

译文

当今世上的学者谈论起治理国家时,大多数人说:"把土地分给贫穷的人,使没有财物的人有财物。"现今有的人与别人的情况相类似,没有丰收的年景和其他收入的好条件,唯独他能完全自给自足,那不是辛勤劳动就是省吃俭用的缘故。也有的人与别人的情况类似,没有饥荒之年、长年疾病、祸事、判罪的灾殃,却贫穷困苦,如果不是奢侈就是懒惰的缘故。奢侈、懒惰的人就会贫穷,而勤劳、节俭的人就富有。现在君主向富裕的人家征收财物,把这些财物分给贫穷的人家,这是夺取勤劳、节俭人家的财物给予奢侈、懒惰的人家。这样,想要人民努力种田、节俭生活,是根本不可能的。

磐石千里,不可谓富;象人①百万,不可谓强。石非不大,数非不众也,而不可谓富强者,磐不生粟,象人不可使距②敌也。今商官③技艺之士④亦不垦而食,是地不垦,与磐石一贯也。儒侠毋军劳,显而荣者,则民不使,与象人同事也。夫祸知磐石象人,而不知祸商官儒侠为不垦之地、不使之民,不知事类者也。

【注释】
①象人:木偶、陶俑,古代用作殉葬品。②距:通"拒",抗击。③商官:用钱买到官爵的商人。④技艺之士:指手工业者。

译文

不能种庄稼的土地,即使有一千里,也不能说是富饶;木偶和陶俑即使有百万个,也不能说是强大。石头地不是不大,陶俑数量不是不多,却不可以说富裕、强盛,是因为石头地不能出产粮食,木人不能用来抗击敌人。而今商人和手工业者不耕田却有饭吃,这样,有土地却得不到开垦,就和石头地一样了。文人和侠客没有战功却能得到显贵的地位和荣誉,那么百姓就不会听从使唤,这就与木偶没有什么区别了。只知道把石头地和陶俑看作祸害,却不知道文人和侠客就像不能开垦的土地和不听使唤的木偶一样是祸害,那是不知道事物之间相类似的道理。

故敌国之君王,虽说①吾义,吾弗入贡而臣;关内之侯,虽非吾行,吾必使执禽而朝。是故力多,则人朝;力寡,则朝于人;故明君务力。夫严家无悍虏,而慈母有败子。吾以此知威势之可以禁暴,而德厚之不足以止乱也。

【注释】
①说:通"悦",喜欢,高兴。

所以国力相当的君主虽然高兴地称赞我们的道义,我们却无法让他们进贡称臣;关内侯虽然反对我们的行为,我们一定可以使他们拿着礼物来朝拜。所以力量大就有人来朝拜,力量小就要向别人朝拜。所以英明的君主总是致力于积聚自己的力量。严厉的家里没有凶悍的婢仆,而仁慈的母亲却有败家的子女。我因此知道威严的权势可以阻止暴行,而厚道的德行却不能制止祸乱。

夫圣人之治国,不恃人之为吾善也,而用其不得为非也。恃人之为吾善也,境内不什数;用人不得为非,一国可使齐。为治者用众而舍寡,故不务德而务法。夫必恃自直之箭,百世无矢;恃自圜①之木,千世无轮矣。自直之箭,自圜之木,百世无有一,然而世皆乘车射禽者何也?隐栝之道用也。虽有不恃隐栝而自直之箭、自圜之木,良工弗贵也。何则?乘者非一人,射者非一发也。不恃赏罚而自善之民,明主弗贵也。何则?国法不可失,而所治非一人也。故有术之君,不随适然之善,而行必然之道。

【注释】
①圜:通"圆"。

英明的君主治理国家,不依赖别人为自己做好事,而是让别人不可以做坏事。依靠别人为自己做好事,国境内找不到十个这样的人;让人们不去做坏事,就可以使一国的人整齐一致。治理国家的人要使用大多数人做得到的方法,而不用少数人做得到的方法,所以不致力于德治而致力于法治。一定要靠自然长直的木头作箭杆,一百世也不会有箭;依靠自然长得圆的木头作轮子,一千世也不会有车轮。自然长得直的木头,自然长得圆的木头,一百世也难找到一棵,可是为什么世上的人都可以有车乘、有箭射鸟呢?那是因为使用了隐栝这种工具。即使有不依靠隐栝的矫正就自然变得直的箭竹、自然变得圆的木头,技术好的木匠并不重视它。这是为什么呢?是因为乘车的不是一个人,射箭也不是一支箭。不依靠奖赏的鼓励、刑罚的管制而自行做好事的人,英明的君主不会重视他。这是为什么呢?是因为国家的法律不可以丢弃,而所要统治的也不止一个人。所以有策略的君主,不追随偶然做出的善行,而要推行多数一定做得到的统治措施。

今或谓人曰："使子必智而寿。"则世必以为狂①。夫智，性也；寿，命也。性命者，非所学于人也。而以人之所不能为说②人，此世之所以谓之为狂也。谓之不能然，则是谀也。夫谀，性③也。以仁义教人。是以智与寿说也，有度之主弗受也。故善毛啬、西施之美，无益吾面；用脂泽粉黛，则倍其初。言先王之仁义，无益于治；明吾法度，必吾赏罚者，亦国之脂泽粉黛也。故明主急其助而缓其颂，故不道仁义。

【注释】
①狂：通"诳"，说谎、欺骗。②说：通"悦"，高兴、喜欢。③性：疑是"狂"字之误，译文按"诳"义处理。

现在有人对别人说："我能使你变聪明而且长寿。"那么世人一定会认为这是谎话。智慧是天生的，长寿是命中注定的。天生的和命里注定的是向别人学不到的。用人们做不到的事来取悦别人，这就是世人把它称作谎言的原因。对人说好听却不能实现的话那是奉承别人，奉承也是一种欺骗。用仁义教导别人，就好像使人智慧和长寿的说法一样，实行法制的君主是不会接受这种说教的。所以称赞毛啬、西施的美貌，对我们的面容没有好处；使用胭脂粉黛，就会比原来更美。谈论先王的仁义，对治国没有好处；明确自己的法律制度，坚决实行赏罚制度，这就是国家的胭脂粉黛。所以英明的君主急切需要有助治国的法律制度，而延缓颂扬先王的仁义，因此不讲儒家学派的仁义。

今巫祝之祝人曰："使若千秋万岁。"千秋万岁之声聒①耳，而一日之寿无征于人，此人所以简巫祝也。今世儒者之说人主，不善②今之所以为治，而语已治之功；不审官法之事，不察奸邪之情，而皆道上古之传誉、先王之成功。儒者饰辞曰："听吾言，则可以霸王。"此说者之巫祝，有度之主不受也。故明主举实事，去无用，不道仁义者故，不听学者之言。

【注释】
①聒：声音嘈杂。②善：疑是"言"字之误。

如今的巫祝为别人祈祷说："希望你长生千年万年。"长生千年万年的声音在耳边响个不停，可是连延长一天寿命的效果都没有，这就是人民怠慢巫祝的原因。当今世上的儒生游说君主，不谈现在治理好国家的办法反而谈论先王治国的功业；不

审查官府法令的执行情况,不考查邪恶的人犯法的真情,全都去说远古时代所留传下来的故事和古代帝王的功业。儒生言过其实地说:"听我的话就可以称王称霸。"这就是游说中的巫祝,这是实行法制的君主不会接受的。所以英明的君主选取有实效的事情,抛弃无用的东西,不谈论仁义道德,不听取儒生的花言巧语。

忠 孝

天下皆以孝悌[1]、忠顺之道为是也,而莫知察孝悌、忠顺之道而审行之,是以天下乱;皆以尧、舜之道为是而法之,是以有弑[2]君,有曲于父。尧、舜、汤、武,或反君臣之义、乱后世之教者也。尧为人君而君其臣,舜为人臣而臣其君,汤、武为人臣而弑其主、刑其尸,而天下誉之,此天下所以至今不治者也。夫所谓明君者,能畜其臣者也;所谓贤臣者,能明法辟、治官职,以戴[3]其君者也。今尧自以为明而不能以畜舜,舜自以为贤而不能以戴尧,汤、武自以为义而弑其君长,此明君且常与而贤臣且常取也。故至今为人子者有取其父之家,为人臣者有取其君之国者矣。父而让子,君而让臣,此非所以定位一教之道也。

臣之所闻曰:"臣事君,子事父,妻事夫。三者顺,则天下治;三者逆,则天下乱。此天下之常道也。"明王贤臣而弗易也,则人主虽不肖,臣不敢侵也。今夫上贤任智无常,逆道也,而天下常以为治。是故田氏夺吕氏于齐,戴氏夺子氏于宋。此皆贤且智也,岂愚且不肖乎?是废常上贤则乱,舍法任智则危。故曰:"上法而不上贤。"

【注释】
[1]悌:敬爱兄长。[2]弑:杀。[3]戴:拥护。

天下人都认为孝悌、忠顺之道是对的,却没有人考察孝悌、忠顺之道的内容并且谨慎实行,所以天下大乱;大家都认为尧、舜之道是对的而效法它,因此出现臣子杀死君主,儿子背逆父亲的情况。尧、舜、汤、武也有违反君臣之间的道德原则、扰乱后代政教的。尧作为君主却把君位让给他的臣子,舜本是臣子却把他的君主当作臣子,汤、武作为臣子却杀害他们的君主,武王还割下了商纣的头示众,而天下人却称赞他们,这就是天下从古至今不安定的原因。所谓英明的君主,是指能驯服臣下的人;所谓贤能的臣子,是指能阐扬法度、忠于职守、拥护自己君位的人。尧自认为是明君却不能驯服舜,舜自认为贤能却不能拥护尧,商汤、周武自认为行为合理却杀了自己的君主,这就是英明的君主常常失去权位,而所谓贤能的臣子常常篡夺权位的原因。所以直到今天还有儿子夺取父亲的管辖区域,臣子夺取君主的国家的事情。父亲让权给儿子,君主让权给臣子,这不是用以确定名位、统一政教的方法。

我听说:"臣子侍奉君主,儿子侍奉父亲,妻子侍奉丈夫。遵循这三条原则天下就会安定,违背这三条原则天下就会混乱,这是世代不变的法则。"英明的君主、贤能的臣子,如果不改变这个法则,那么君主即使无德无才,臣下也不敢侵夺他的权位。而今,崇尚贤人,任用智者,没有固定的法则,都是违背孝悌、忠顺之道的,可是天下人却时常认为这就是治国的原则。因此,齐国田氏夺取了吕氏的君位,宋国戴氏夺取子氏的君位。这些都是贤能而且聪明的人,难道是愚笨而无能的人吗?因此废弃固定的法则,崇尚贤明的人,天下就会混乱,舍弃法度任用智者,君主的权位就会受到威胁。所以说:治国应该重视法度,而不是崇尚贤能。

记曰:"舜见瞽瞍①,其容造焉②。"孔子曰:"当是时也,危哉,天下岌岌!有道者,父固不得而子,君固不得而臣也。"臣曰:孔子本未知孝悌、忠顺之道也。然则有道者,进不得为主臣,退不得为父子耶?父之所以欲有贤子者,家贫则富之,父苦则乐之;君之所以欲有贤臣者,国乱则治之,主卑则尊。今有贤子而不为父,则父之处家也苦;有贤臣而不为君,则君之处位也危。然则父有贤子,君有贤臣,适足以为害耳,岂得利焉哉?所谓忠臣,不危其君;孝子,不非其亲。今舜以贤取君之国,而汤、武以义放弑其君,此皆以贤而危主者也,而天下贤之。

史书上说:"舜看见他的父亲,就用臣子的礼仪招待他,对

【注释】
①瞽瞍:舜的父亲。②造焉:造然,惊慌的样子。

此很局促不安。"孔子当然说:"在这种时刻天下危险极了,像舜那样道德高尚的人,父亲当然不能把他当作儿子看,君主不能把父亲当作臣子看。"我认为:孔子根本不知道孝悌、忠顺的道理。品德高尚的人在朝中不能为君主作臣子,在家里不能成为父亲的儿子吗?父亲之所以想有孝顺的儿子,是因为家里穷的时候希望他使家业富裕起来,父亲痛苦的时候能使父亲高兴起来;君主之所以想要贤明的臣子,是因为在国家混乱的时候希望他能治理好国家,君主的地位较低时他能使君主的地位提高。如果有孝子而不孝顺父亲,那么父亲在家里就会很痛苦;有贤明的臣子却不为君主效力,那么君主在王位上就危险了。这样父亲有孝子,君主有贤臣却恰好成了祸害,哪里还能得到什么好处呢?所谓的忠臣,不能危害他的君主;所谓的孝子,不能非议他的父母。现在舜是因为贤明夺取君主的国家,商汤、周武王却以道义为名放逐杀害了他们的君主。这些都是因为臣子贤明而危害君主的人,天下人却称赞他们的行为。

古之烈士,进不臣君,退不为家,是进则非其君、退则非其亲者也。且夫进不臣君,退不为家,乱世绝嗣①之道也。是故贤尧、舜、汤、武而烈士,天下之乱术也。瞽瞍为舜父而舜放之,象②为舜弟而杀之。放父杀弟,不可谓仁;妻帝二女而取天下,不可谓义。仁义无有,不可谓明。《诗》云:"普天之下,莫非王土;率土之滨,莫非王臣。"信若《诗》之言也,是舜出则臣其君、入则臣其父、妾其母、妻其主女也。故烈士内不为家,乱世绝嗣;而外矫于君,朽骨烂肉,施于土地、流于川谷,不避蹈水火。使天下从而效之,是天下遍死而愿夭也。此皆释世而不治是也。

【注释】
①嗣:子孙。②象:相传是舜的弟弟。

古代的烈士,在朝中不向君主行臣礼,在家中不尽儿子的义务,是一些在朝中非议君主,在家中反对亲人的人。况且在朝中不以臣礼侍奉君主,在家中不尽儿子的义务也是足以扰乱国家、断绝子孙的行为。因此把尧、舜、汤、武尊称为贤人,肯定烈士的行为,是造成天下混乱的做法。瞽瞍是舜的父亲而舜放逐他,象是舜的弟弟而舜杀了他。放逐父亲、杀害弟弟,不能叫作"仁";舜娶了尧的两个女儿为妻从而得到天下,不可以说是"义"。不具备"仁"和"义",不能算是英明。《诗

经》说:"普天之下,莫非王土;率土之滨,莫非王臣。"如果像《诗经》所说的那样,这样舜在朝中就把他的君主当作臣子,在家里就把父亲当作臣子,把母亲当作奴婢,把君主的女儿当作妻子。所以烈士在家不尽孝道,扰乱国家,断绝子孙;在外违抗君主,把自己的生命当作朽骨烂肉,即使抛在地上,流到山川河谷中,也不怕赴汤蹈火。如果天下的人都效仿他们,那么天下到处是死人,而且愿意早死。这些都是脱离社会现实而不愿意臣服他的君主,不做家中孝子的人。

世之所为①烈士者,离众独行,取异于人,为恬淡之学,而理恍惚之言。臣以为:恬淡,无用之教也;恍惚,无法之言也。言出于无法、教出于无用者,天下谓之察。臣以为:人生必事君、养亲,事君、养亲不可以恬淡;之人②必以言论忠信法术,言论忠信法术不可以恍惚。恍惚之言,恬淡之学,天下之惑术也。孝子之事父也,非竞取父之家也;忠臣之事君也,非竞取君之国也。夫为人子而常誉他人之亲,曰:"某子之亲,夜寝早起,强力生财,以养子孙臣妾。"是诽谤其亲者也。为人臣常誉先王之德厚而愿之,是诽谤其君者也。非其亲者,知谓之不孝;而非其君者,天下皆贤之,此所以乱也。故人臣毋称尧舜之贤、毋誉汤武之伐、毋言烈士之高。尽力守法、专心于事主者为忠臣。

【注释】
①为:通"谓"。
②之人:当为"活人"。

当今人们所说的烈士都是脱离人们独来独往的,有着与别人不同的见解,倡导清静闲适无所作为的论调,研究故弄玄虚、难以捉摸的言论。我认为清静闲适的学说是对国家毫无用处的说教;故弄玄虚、难以捉摸的言论是蔑视法制的谬论。对于主张取消法制者的言论,对于主张清静无为者的说教,天下却认为是明察事物。我认为人生在世一定要侍奉君主、赡养双亲,而侍奉君主、赡养双亲就不能够清静无为。治理民众必须用忠实笃信法术的言论,而忠实笃信法术的言论是不能够故弄玄虚、难以捉摸的。恍惚之言和恬淡之学都是迷惑天下人的学说。孝子孝顺父亲,不是为了夺取父亲的家产;臣子忠于君王,不是为了夺取君王的国家。倘若做儿子的常常称赞别人的父亲说:"某人的父亲起早贪黑、竭尽全力积聚财富来供养子孙、妻子。"这样就是背后指责自己父母的行为。做臣

子的常常称赞先王的品德高尚并且表示敬仰,这就是背后指责自己君王的行径。对于指责父母的人,人们一定会说他不孝;可是对于非议君王的人,天下的人都会认为他的德行好,这是国家混乱的原因。所以做臣子的不要去赞颂尧、舜的品德高尚,不要去赞扬商汤、周武王的战功,不要去赞赏烈士的英勇无畏。要竭尽全力遵守法制,一心一意侍奉君主,这样的人才是真正的忠于君主的人。

  故世人多不言国法而言从横①。诸侯言从者曰:"从成必霸。"而言横者曰:"横成必王。"山东②之言从横未尝一日而止也,然而功名不成,霸王不立者,虚言非所以成治也。王者,独行谓之"王"。是以三王不务离合而正,五霸不待

【注释】
  ①从横:合纵连横。②山东:指崤山以东六国。

从横而察，治内以裁外而已矣。

　　因此，如今世上的人大都不讲国家的法制而大谈合纵连横。诸侯当中讲合纵的人说："合纵成功便可以称霸天下。"而讲连横的人说："连横成功的便可以称王天下。"崤山以东六国谈论合纵连横，从来没有停止过，然而既没有功成名就，也没有建立霸王之业，这就说明了不切实际的言论是不能治理好国家的。作为君主，做事有主见，不受身边任何事的影响，这样的人才能称得上"王"。所以三王不致力于纵横便能治理好天下，五霸不靠纵横便可以洞察天下的形势，他们所做得不过是先治理好国家，再以强盛的国力去征服天下而已。

阅读训练

一、填空题

1. 韩非是中国古代著名的_____、_____和散文家,法家思想的集大成者,世称"_____"。韩非原为韩国贵族,与_____同师荀卿。他创立的_____,为中国第一个_____国家的诞生提供了理论依据。今存《韩非子》_____篇。《韩非子》战国时期法家韩非的著作总集。又称_____。

2. 《韩非子》中,_____把历史发展分为_____、_____、_____三个阶段,认为时代不断发展进步,社会生活和政治制度都要发生变化,_____的主张是行不通的。

3. 韩非认为君主应凭借_____和_____以及一整套驾驭臣下的权术,保证法令的贯彻执行,以巩固君主的地位。他还继承了_____的人性恶说,主张_____、赏为本。

二、选择题

1. 司马迁说:韩非"观往者得失之变,故作《孤愤》《五蠹》( )《说林》《说难》十余万言"。
   A.《存韩》 B.《初见秦》 C.《有度》 D.《内外储》

2. 《韩非子》中,( )则记述了先秦儒、墨显学分化斗争的情况,认为"杂反之学不两立而治",主张禁止一切互相矛盾的学说,定法家的学说于一尊。
   A.《五蠹》 B.《显学》 C.《解老》 D.《喻老》

3. 下列寓言故事中,( )不是出自《韩非子》。
   A.《完璧归赵》 B.《郑人买履》 C.《自相矛盾》 D.《滥竽充数》

4. "守株待兔"一词出自( )。
   A.《老子》 B.《荀子》 C.《韩非子》 D.《孟子》

5. "闻古之善用人者,必循天顺人而明赏罚"一句中,"闻"的意思是( )。

　　A.听说　B.出名,有名望　C.名声　D.用鼻子嗅气味

三、简答题

　　善于张网的人拉动网的纲绳,如果一个一个掀开网眼,即使劳累了也难得张开;拉动网的纲绳,鱼就被罩住了。所以官吏是民众的树干和纲绳,因此圣人只治理官吏,而不直接治理民众。这是《韩非子·外储说右下》里提到的两句话,请把原文写出来:

_____

_____

_____

参考答案

一、填空题

1. 哲学家,思想家,韩非子,李斯,法家学说,统一专制的中央集权制,五十五,《韩子》

2. 《五蠹》,上古,中古,近古,复古

3. 权力,威势,荀子,治国以刑

二、选择题

1. D　2. B　3. A　4. C　5. A

三、简答题

　　善张网者引其纲,若一一摄万目而后得,则是劳而难;引其纲,而鱼已囊矣。故吏者,民之本、纲者也,故圣人治吏不治民。

《韩非子》读后感

　　《韩非子》是先秦法家的集大成之杰作，也是我国古代政治学方面的优秀作品，它与先秦百家的著作共同交织联系，构筑了中国古代的灿烂传统文化。韩非子的思想虽不如儒家思想那样被统治者奉为正统，不如道家思想那样被文人志士推崇，但却真真正正推进了历史的进程，加速了社会的进步，影响了一代又一代人。

　　《韩非子》这部著作正是将商鞅的"法"，申不害的"术"，慎到的"势"阐述得淋漓尽致的代表作之一。所谓"法"，是指国家的法律、法令、规章制度。韩非子明确提出了"法不阿贵，绳不挠曲"等观念，在一定程度上触摸到了法治的核心思想——公平、平等。"术"是指君主考察、举拔、控制群臣的一整套方法，其中包括一些具体的考核、检验下级工作的程序，也包括一些藏于心中、不可告人的秘密心术。"势"是指君主的权势。他对于君主来说，这三者缺一不可。

　　《韩非子》一书中韩非的朴素辩证法思想比较突出，他首先提出了矛盾学说，用矛和盾的寓言故事，说明"不可陷之盾与无不陷之矛不可同世而立"的道理。而书中"自相矛盾"、"守株待兔"、"滥竽充数"、"老马识途"等寓言故事，至今对人们表达思想仍有着启发作用。

　　由于历史的局限性，韩非子的思想也有一些偏激的地方。比如轻视工商阶级，在《五蠹》提出了工商之民是危害社会的五蠹之一；否定"仁义"在治国之中的作用。在《有度》中，将廉、忠、仁、义、智阐述为乱世的产物，更在《显学》中，明确指出，儒墨两家不是白痴就是骗子，与算命先生一样不可信。

　　无论是帝王之术，还是为人处世之道，我们都能从这本书中获取一些有益于今日生活和学习的道理。但是我们也不能不否认其中的一些帝王权术、封建家长意识，也是要被时代所摒弃的。

图书在版编目（CIP）数据

韩非子 /(战国)韩非子；邓敏华编著. -- 济南：山东美术出版社,2015.4（2021.6 重印）

（人生必读书）

ISBN 978-7-5330-5131-0

Ⅰ.①韩… Ⅱ.①邓… Ⅲ.①法家②《韩非子》–青少年读物 Ⅳ.①B226.5-49

中国版本图书馆 CIP 数据核字(2014)第 103883 号

责任编辑：	陈　蔚　翟宁宁　常馨鑫
主管单位：	山东出版传媒股份有限公司
出版发行：	山东美术出版社
	济南市历下区舜耕路 20 号佛山静院 C 座（邮编：250014）
	http://www.sdmspub.com
	E-mail:sdmscbs@163.com
	电话:（0531）82098268　传真:（0531）82066185
	山东美术出版社发行部
	济南市历下区舜耕路 20 号佛山静院 C 座（邮编：250014）
	电话:（0531）86193019　86193028
制版印刷：	天津泰宇印务有限公司
开　　本：	710mm × 1000mm　16 开　12 印张
字　　数：	150 千字
版　　次：	2015 年 4 月第 1 版　2021 年 6 月第 4 次印刷
定　　价：	28.80 元